こどもの 今、 ひかりを まとう

ナニイロの こどもふく

伊藤尚美／Sewing ATELIER to nani IRO

文化出版局

もくじ

 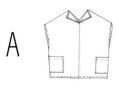

F

ピエロ衿のワンピース（ブラウス）　p.8, 10, 42 / How to make p.58

G

スクエア袖のワンピース　p.23, 36 / How to make p.63

H

ふうせん袖のブラウス　p.9, 22 / How to make p.66

I

ヨークワンピース　p.27, 30, 41 / How to make p.75

J

アシンメトリーフリルドレス　p.18, 25 / How to make p.72

K

ボタンチョッキ　p.27, 34 / How to make p.67

ハワイアンシャツ半袖　p.29, 38 / How to make p.69

L

ベーシックシャツ＆ジャケット長袖　p.34, 39 / How to make p.69

M

テーパードタックパンツ　p.29, 34, 38, 39 / How to make p.78

N

ワイドタックパンツ　p.9, 15, 27, 42 / How to make p.78

O

バルーンタックパンツ　p.11, 20, 22, 26 / How to make p.78

P

バルーンサロペット　p10, 13 / How to make p.82

Q

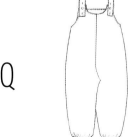

R

つなぎ5分袖　p.14, 32 / How to make p.84

S

たてがみニット帽　p.11, 14 / How to make p.57

参加してくれたこどもたち

FUUKA 100cm

KOU 100cm

MUTSUNO 110cm

KOMACHI 110cm

SHUN 120cm

RIN 135cm

NAGOMI 135cm

TAIRA 103cm

YUURI 107cm

RIN 130cm

さまざまな身長の女の子と男の子に参加していただきました。
各作品ページには着用サイズを記載しています。

小さくて 可愛い服を

作る時間

こどもの 今へ

いとしの ひととき
あの子を思い 選んだ布で
お手製の服へ
心こめて

　　　懐かしさ かがやく
　　　この先 へも

F 小さめのフリルの衿は主張しすぎず、愛らしく。ローン生地で作ると衿のフリルが縫いやすく、きれいに仕上がります。
How to make→p.58　サイズ100cmを着用（FUUKA）

ローン生地のＡラインのブラウスは、袖にたっぷりギャザーが入って華やか。パンツも同じ生地の色違いで作って。
軽くさらっとした肌ざわりで、ほんとうに気持ちがいいセットです。
How to make　Ｈ→p.66　Ｏ→p.78　サイズ100cmを着用（FUUKA）

H＋O

F＋Q

ブラウスは、Fのワンピースの丈を19cm短くしてアレンジ！ コットンシルクの肌ざわりは格別です。サロペットは、ざっくりした麻ざらしの生地でナチュラルに。ふわふわふんわりしたコーディネートに。

How to make　F→p.58　Q→p.82　サイズ100cmを着用（FUUKA）

キャミソールの肩ひもは、後ろのループの結ぶ位置で長さを調整できます。裾を絞ったバルーンタックパンツと
フリンジのついたニット帽を合わせると、コーディネートが一気に楽しく！
How to make　S→p.57　C→p.54　P→p.78　サイズ100cmを着用（FUUKA）

S+C+P

10ページのサロペットの生地を替えて、シックなWガーゼの花柄で。後ろ身頃のゴムギャザーで後ろ姿もチャーミング。
肩ひもの長さをボタンで調節できます。まっすぐ縫うだけで仕上がるすっきりとしたスモックを合わせて。
How to make A→p.50 Q→p.82 サイズ100cmを着用(FUUKA)

A＋Q

S + R

前あきで脱ぎ着しやすいオールインワン。肌ざわりのやさしいＷガーゼで作れば、とっておきのルームウェアにも。ニット帽はウール素材で作れば冬でも大活躍！ たてがみの位置は、後ろにしても、横にもってきても。アレンジを楽しんで。

How to make　S→p.57　R→p.84　サイズ100cmを着用(KOU)

前後どちらでも着られるスモック。衿もとは、片側はひらっと倒れる衿で、もう片側は衿の形にステッチ。少しだけ衿もと
が広めのパターンです。脇のポケットは、前後どちらになっても使えます。ストンとしたシルエットのパンツを合わせて。
How to make　A→p.50　O→p.78　　サイズ110cmを着用（MUTSUNO）

A+O

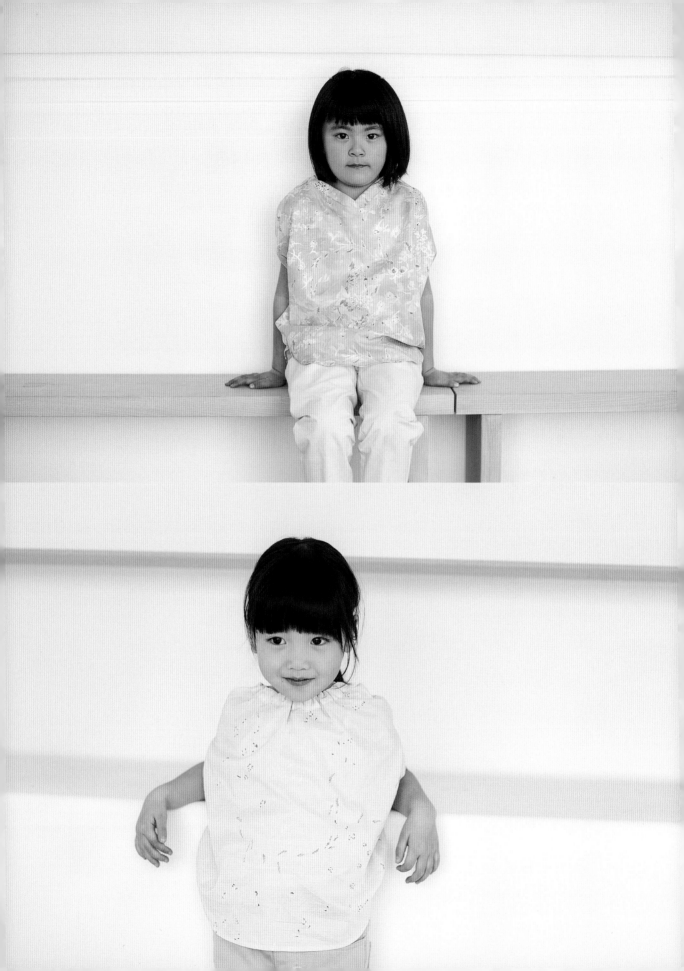

片側はVネック、もう片側はラウンドネックの2way仕様。ラウンドネックにゴムを入れ、着脱しやすい衿ぐりにしました。ワンサイズ大きめを作って、ビッグシルエットでチュニックのように着てもかわいいです。
How to make→p.52 　サイズ110cmを着用（KOMACHI）、100cmを着用（FUUKA）

B

J　鮮やかな［Lei nani］は、一枚で主役になるテキスタイル。ギャザーの入ったアシンメトリーな裾で、華やかな個性が際立ちます。
裾は切りっぱなしで2本ステッチを入れるだけの軽やか仕上げに。
How to make→p.72　サイズ110cmを着用（KOMACHI）

C+P

季節をまとうように大胆なテキスタイルで。上下の生地を合わせてセットアップにすると、一気にオリジナル感がUP!
シックな色合いや、小花柄でもぜひ楽しんでください。21ページと色違いの生地です。
How to make C→p.54 P→p.78 サイズ110cmを着用(KOMACHI)

20ページのキャミソールの丈を25cm長くしてワンピースに。肩ひもは途中までゴムの入ったずれにくい仕様です。裾の始末は
ロックミシンのみで軽やかに。ギャザーはゴムを通して作るのでとっても簡単。
How to make→p.54　サイズ100cmを着用(FUUKA)

D

H+P

ブラウスは、9ページの生地違い。コットンシルクのやわらかい生地で作ると袖のボリュームは少し落ち着いた印象に。
ブラウスをインにすると袖が際立ち、バルーンタックパンツと相性がよくてとってもかわいいです。
How to make　H→p.66　P→p.78　サイズ100cmを着用(FUUKA)

ノースリーブに四角い袖をのせたデザイン。直線的な袖が自然に立ち上がって、ひらひらとした女の子らしいワンピースに。
やさしい色のWガーゼでリラックスした着心地です。
How to make→p.63　サイズ100cmを着用（FUUKA）

G

コットンシルクで作ると、しなやかな落ち感が出て、すっとなじみます。華やかなデザインも、シックな色を選べば、日常使いから
特別な日の一枚まで重宝します。アシンメトリーな裾を少しずつカットしながら、好みのラインを見つけるチャレンジもぜひ！
How to make→p.72　サイズ100cmを着用(KOMACHI)

J

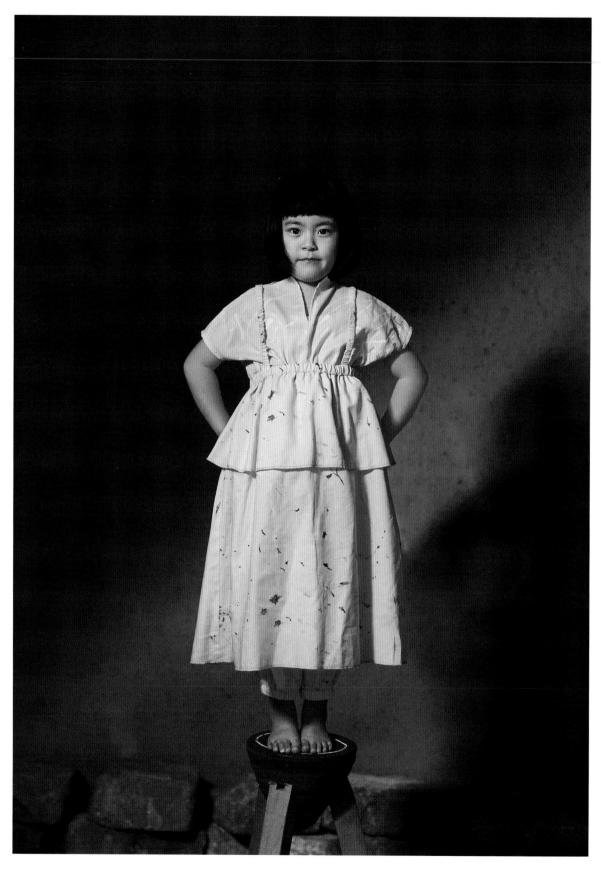

A+D+P 肩ひもをぎりぎりまでのばして後ろのループに通せば、つりスカートのように着ることができます。コットンシルクは薄くて軽やかなので、パンツやレギンスとの重ね着もすてきです。ワンピースは21ページの生地違い。
How to make　A→p.50　D→p.54　P→p.78　A, Dはサイズ110cm、Pは100cmを着用（KOMACHI）

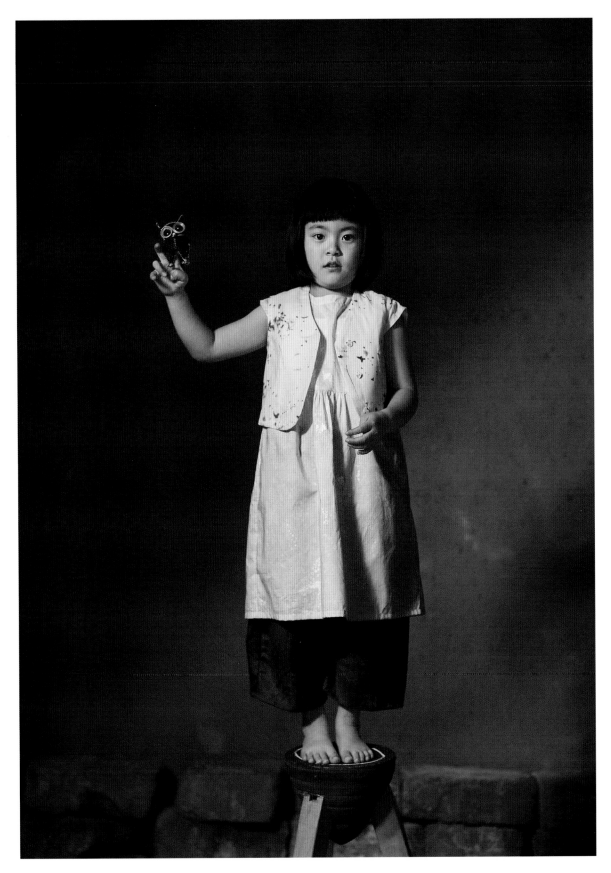

重ね着の定番のチョッキは、1枚あるとコーディネートの幅が広がります。ワンピースは、はりのあるローンで作るとシルエットがきれいです。ワイドパンツは裾が少し狭まっているから、重ね着してもすっきり見えます。
How to make K→p.67 I→p.75 O→p.78   K,Iはサイズ100cm、Oは110cmを着用（KOMACHI）

アロハシャツのように男の子も花柄を楽しんで！　テーパードパンツの丈を大胆にカットしたハーフパンツを合わせて。
大きなタックが入っているので、短くするとワイド感が出ます。
How to make　L→p.69　N→p.78　サイズ120cmを着用（SHUN）

L＋N

前ヨーク下のギャザー、肩の細やかなタックなど、愛らしいディテールが詰まったワンピース。後ろあき部分にはタックを入れて、
着たときにあきが見えないように工夫しています。
How to make→p.75　サイズ110cmを着用（KOMACHI）、100cmを着用（FUUKA）

R　ワークっぽいデザインをサテン生地で作ると、おしゃれでこなれた雰囲気に。裾をロールアップして楽しめるように、少し丈が長め
のデザインです。14ページの生地違い。
How to make→p.84　サイズ110cmを着用（KOMACHI, MUTSUNO）

M+K+N
E

ベーシックなシャツは、一枚マスターすると何枚も作りたくなります。チョッキとパンツを黒のしっかりした生地で
おそろいにしたら、フォーマルに。パンツはフロントの大きなタックで腰回りにゆとりができて、動きやすい形です。
How to make　M→p.69　K→p.67　N→p.78　サイズ120cmを着用(SHUN)

ひらっとした大きなセーラー衿が可憐なワンピース。生地しだいで、フォーマルな場面でも活用できます。ここでは、
ワンサイズ大きめをゆったりと着用しています。
How to make→p.58　サイズ120cmを着用(KOMACHI)

E セーラー衿にシックな色柄の生地を配して、クラシカルな雰囲気に。34ページの生地違いです。
How to make→p.58　サイズ130cmで丈を＋3cmにして着用(RIN)

G 袖の生地を別布にすると、軽さが出てカジュアルな雰囲気になります。合わせる生地を選ぶ楽しさも。23ページの生地違いです。
How to make→p.63　サイズ130cmで丈を＋3cmにして着用(NAGOMI)

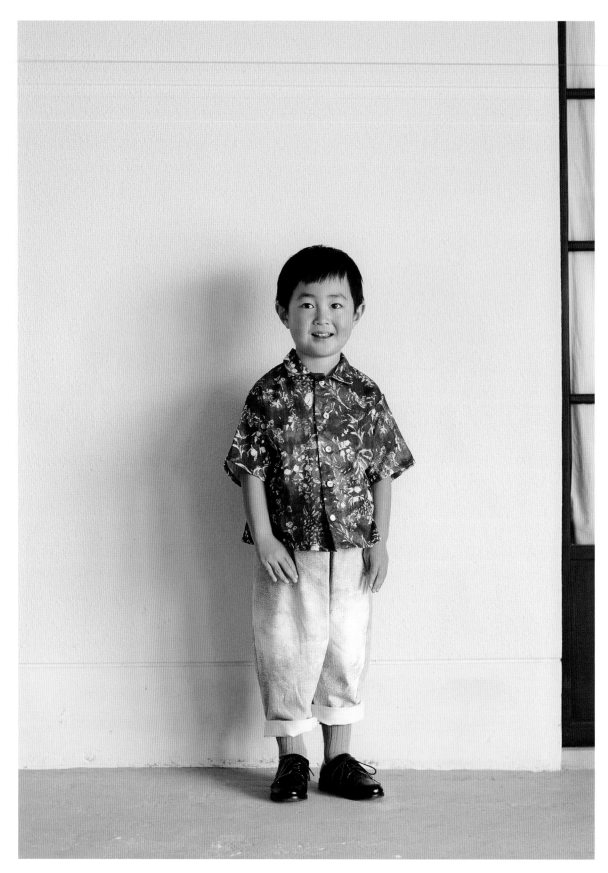

L+N ハワイ語で「内面の優しさ、明るさ」を意味する[ロコマイカイ]という名前のついた生地は、ハワイアンシャツにぴったり。
パンツとともに、大きめのサイズでゆったりと着ても！
How to make L→p.69 N→p.78 Lはサイズ110cm、Nは120cmを着用(KOU)

程よい厚みのヘリンボン生地でジャケットとして。着やすいように袖口にスリットが入っています。パンツもおそろいの生
地にして、セットアップにするとお出かけ着に。
How to make　M→p.69　N→p.78　サイズ100cmを着用(TAIRA)

M+N

愛らしいポイントが詰まったパターンは、黒を基調にした生地を選ぶとセレモニーにも。肌ざわりがよく、お子さんにも人気のWガ
ーゼをチョイス。30ページの柄違い。
How to make→p.75　サイズ100cmを着用（YUURI）

F+O　Fのワンピースの丈を短くしてブラウスに。しっかりめの生地で作ると、フリルのかたちが際立ちます。同素材のパンツは
丈の短いワンサイズ小さいものにして、バランスをとりました。
How to make　F→p.58　O→p.78　Fはサイズ130cm、Oは120cmを着用（RIN）

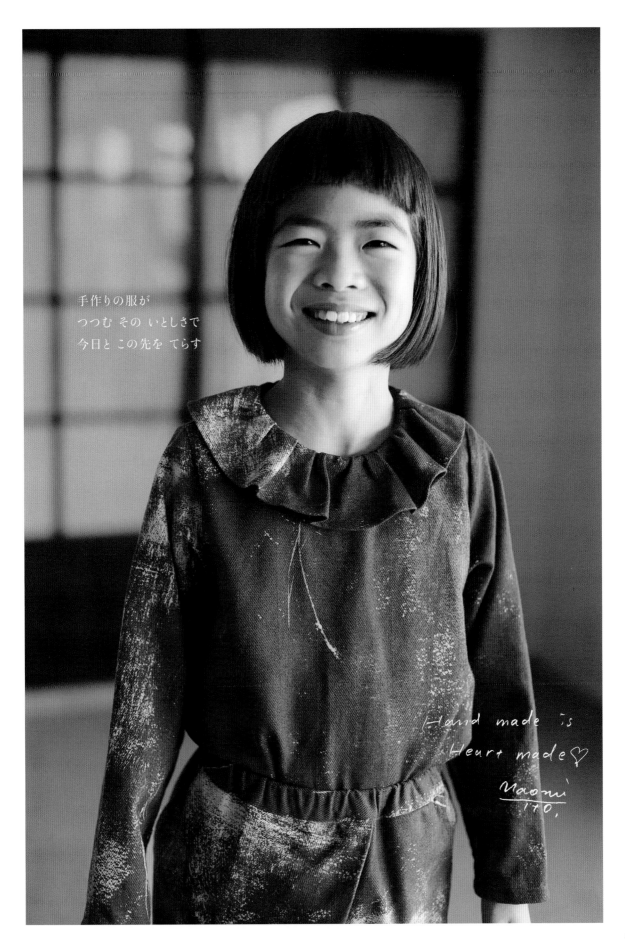

手作りの服が
つつむ その いとしさで
今日と この先を てらす

Hand made is
Heart made♡
Naomi
170,

2002年から発表し続けている
テキスタイルブランド。
グラフィカルで絵画的な構図、
自然の面影をとらえた美しい配色は、
日本のみならず世界30か国以上の
人々に愛されています。

Naomi Ito Textile nani IRO

本書で登場した生地をご紹介

Flowers bloom_E

コットンシルク／綿80% シルク20%
p.10

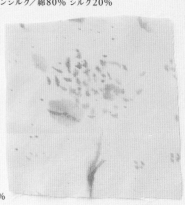

Bear fruits_E

オーガニックローン／綿100%
p.8, 9

Bear fruits_A

オーガニックローン／綿100%
p.8（衿のみ）, 9

**ことほぎ 麻ざらし
Ｗガーゼ_生成**

麻ざらしＷガーゼ／
綿45% 麻55%
p.10

GRACE_C

オーガニックＷガーゼ／綿100%
p.11

小宇宙_B

80サテン／綿100%
p.11

**ことほぎ ローン
Ｗガーゼ_晒し**

ローンＷガーゼ／綿100%
p.12, 13

New morning I_E

オーガニックＷガーゼ／綿100%
p.12, 13

Seventone_B

Ｗガーゼ／綿100%
p.14

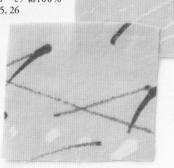

Seventone_A
Wガーゼ／綿100%
p.15, 26

Naomi Ito Linen colors Light_C グリーン

ライトリネンコットン／
綿45% 麻55%
p.15

Lokomaikai_A
オーガニックローン／綿100%
p.16, 17

Lokomaikai_B
オーガニックローン／綿100%
p.16, 17

Lei nani_A
オーガニックWガーゼ／綿100%
p.18, 19

Lei nani_B
オーガニックWガーゼ／綿100%
p.18

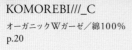

KOMOREBI///_A
オーガニックWガーゼ／綿100%
p.21

KOMOREBI///_C
オーガニックWガーゼ／綿100%
p.20

Flowers bloom_A
コットンシルク／綿80% シルク20%
p.22, 27

小宇宙_C

Ｗガーゼ／綿100％
p.23

Lei nani_B

オーガニックローン／綿100％
p.22

Flowers bloom_B

コットンシルク／綿80％ シルク20％
p.24, 25, 26

Yes! Tableau_B

ヘリンボン／綿100％
p.29

Lei nani_A

オーガニックローン／綿100％
p.27

Seventone_D

Ｗガーゼ／綿100％
p.27

New morning I_C

オーガニックＷガーゼ／綿100％
p.30

New morning I_B

オーガニックＷガーゼ／綿100％
p.29

New morning I_D

オーガニックＷガーゼ／綿100％
p.30

小宇宙_A
80サテン／綿100%
p.32, 33

小宇宙_C
80サテン／綿100%
p.32

Naomi Ito Linen colors
Light_J スミ

ライトリネンコットン／綿45% 麻55%
p.34, 35

Bear fruits_B
オーガニックローン／綿100%
p.34, 35

Yes!Tableau_F
ヘリンボン／綿100%
p.34, 35

Naomi Ito
Linen colors
Light_I コン

ライトリネンコットン／
綿45% 麻55%
p.36, 37

Lokomaikai_C
オーガニックローン／綿100%
p.36, 37（衿、袖のみ）

Lokomaikai_C
Wガーゼ／綿100%
p.38

Yes!Tableau_C
ヘリンボン／綿100%
p.39

Yes!Tableau_E
ヘリンボン／綿100%
p.38

GRACE_D
オーガニックWガーゼ／綿100%
p.40, 41

Yes!Tableau_D
ヘリンボン／綿100%
p.42, 43

Information

HP

Naomi Ito Textile nani IRO　https://naniiro.jp
ITSURA BOOKS　https://itsura.jp/books

SHOP&ONLINE

ATELIER to nani IRO
大阪市西区京町堀1-12-28 壽会館ビル2F
TEL：06-6443-7216　FAX：06-6443-7211
atelierto@naniiro.jp

Naomi Ito Textile nani IRO オンラインストア

https://online.naniiro.jp/
instagram　@atelier_to_naniiro_textile

cocca／sesse

大阪市北区角田町8-7
阪急うめだ本店10階「うめだスーク」南街区
TEL：06-6313-9642
Instagram　@cocca_sesse

cocca オンラインストア

https://cocca.ne.jp/
Instagram　@cocca_textile

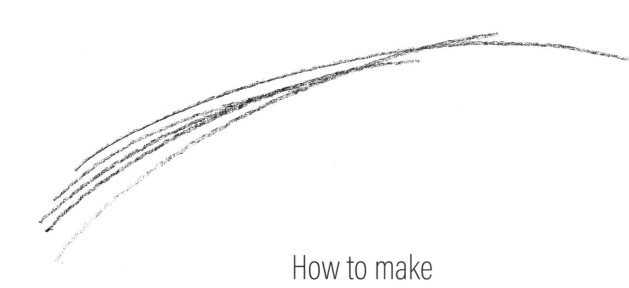

How to make

サイズの選び方

○付録の実物大パターンは、90／100／110／120／130cmの5サイズ展開。Sたてがみニット帽のみフリーサイズです。
○下記のサイズ表、作り方の出来上り寸法を参考にしてください。
○丈はお好みで調整してください。

サイズ表 （単位はcm）

身長	90	100	110	120	130
バスト	50	54	58	62	66
ウエスト	48	49	50	51	52
ヒップ	53	57	61	65	69

実物大パターンの使い方

○実物大パターンは、ハトロン紙に写し取って使います。
○異なるアイテムやサイズの線が交差しているので、写し取る線をマーカーペンや色鉛筆などでなぞっておくと分かりやすいでしょう。
○出来上り線のほか、布目線や合い印、ポケットのつけ位置なども忘れずに写し取ります。

布の下準備

完成後の洗濯による縮みや形くずれを防ぐため、布は裁断前に水通しをして、布目を整えます。

裁断する前に

○実物大パターンには、縫い代がついていません。布を裁つときは、作り方ページの裁合せ図に表記されている縫い代をつけてください。
○ひもやループなど直線裁ちのパーツは、実物大パターンをつけていないものがあります。裁合せ図にしるした寸法で、パターンを作るか布に直接印をつけて裁ってください。
○裁合せ図は、サイズによってパターンの配置が変わる場合もあります。布に必要なパターンを置き、確認してから裁ってください。

作り方ページの注意点

準備、作り方順序に「ロックミシンで始末する」と書かれている布端の始末をする際、ロックミシンがない場合はミシンのジグザグ縫い機能を使用してください。

難易度について

各ページに記載されている★印は、難易度を表わしています。

★　　　　　初心者のかたに特におすすめです
★★　　　　1日あれば完成するレベルです
★★★　　　1～2か所、難しいディテールがあります
★★★★　　少し時間をかけて、ゆっくり取り組んでください
★★★★★　いろんな縫い方が詰まった、作りがいのある作品です

A ★　　2wayしかくスモック　　→ p.13, 15, 26

出来上り寸法
※左からサイズ90／100／110／120／130cm
バスト＝83／87／91／95／99cm
着丈＝32／36／40／44／48cm

パターン
1表

材料　※左から90／100／110／120／130cm
表布＝106cm幅 80／90／100／110／120cm

準備　※裁合せ図も参照
※前後身頃の中心と肩、脇、ポケットの脇と
　底の縫い代端をロックミシンで始末する。

作り方順序
1　前後身頃の中心をそれぞれ縫う
2　肩を縫う
3　衿ぐりを始末する
4　脇を縫う
5　袖口を始末する
6　裾を始末する
7　ポケットを作り、つける

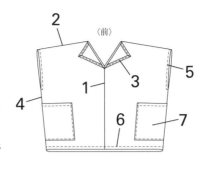

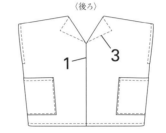

裁合せ図
上からサイズ90／100／110／120／130cm

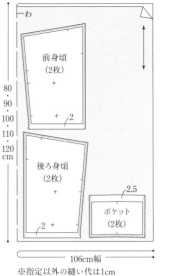

※指定以外の縫い代は1cm

1 前後身頃の中心を
　　それぞれ縫う

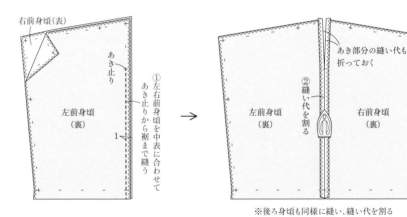

2 肩を縫う

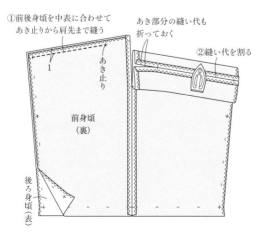

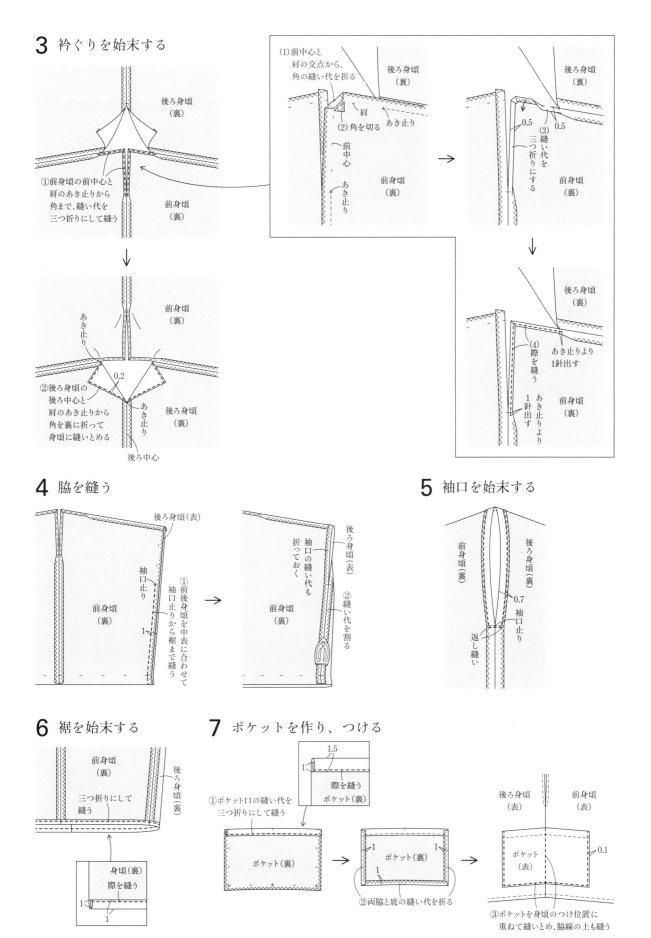

3 衿ぐりを始末する

①前身頃の前中心と肩のあき止りから角まで、縫い代を三つ折りにして縫う

(1)前中心と肩の交点から、角の縫い代を折る
後ろ身頃（裏）
肩
(2)角を切る
前中心
あき止り
あき止り
前身頃（裏）

後ろ身頃（裏）
0.5
0.5
(3)縫い代を三つ折りにする
前身頃（裏）

後ろ身頃（裏）
あき止りより1針出す
(4)際を縫う
1針出す
あき止りより
前身頃（裏）

あき止り
あき止り
前身頃（裏）
0.2
②後ろ身頃の後ろ中心と肩のあき止りから角を裏に折って身頃に縫いとめる
あき止り
後ろ身頃（裏）
後ろ中心

4 脇を縫う

後ろ身頃（表）
袖口止り
①前後身頃を中表に合わせて袖口止りから裾まで縫う
1
前身頃（裏）

袖口の縫い代も折っておく
後ろ身頃（表）
②縫い代を割る
前身頃（裏）

5 袖口を始末する

前身頃（裏）
後ろ身頃（裏）
0.7
袖口止り
返し縫い

6 裾を始末する

前身頃（裏）
後ろ身頃（裏）
三つ折りにして縫う
身頃（裏）
際を縫う
1
1

7 ポケットを作り、つける

1.5
1
際を縫う
ポケット（裏）

①ポケット口の縫い代を三つ折りにして縫う
ポケット（裏）

1
1
ポケット（裏）
1
②両脇と底の縫い代を折る

後ろ身頃（表）
前身頃（表）
ポケット（表）
0.1
③ポケットを身頃のつけ位置に重ねて縫いとめ、脇線の上も縫う

B ★★★ 2wayまるスモック

出来上り寸法
※左からサイズ90／100／110／120／130cm
バスト＝92／96／100／104／108cm
着丈＝33／36.5／40／43.5／47cm

パターン
1表

材料 ※左から90／100／110／120／130cm
表布＝106cm幅 90／100／110／120／130cm
接着芯＝40×15cm
ゴムテープ＝0.8cm幅 17／19／21／23／25cm

準備 ※裁合せ図も参照
※表前衿の裏に接着芯をはる。
※前後身頃の肩〜脇のスリット止りの1cm下
　まで、縫い代端をロックミシンで始末する。

作り方順序
1　身頃の肩を縫う
2　衿を作る
3　衿をつける
4　脇を縫う
5　袖口を始末する
6　裾を始末する

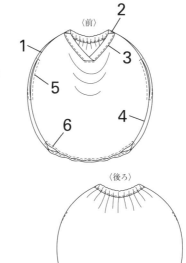

〈前〉

〈後ろ〉

裁合せ図
上からサイズ90／100／110／120／130cm

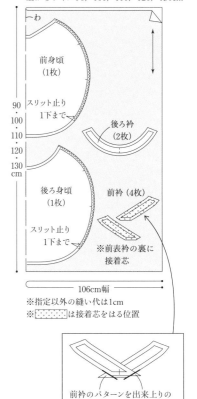

わ

前身頃
（1枚）

スリット止り
1下まで

後ろ衿
（2枚）

後ろ身頃
（1枚）

前衿（4枚）

スリット止り
1下まで

※前表衿の裏に
接着芯

106cm幅

※指定以外の縫い代は1cm
※□□□は接着芯をはる位置

前衿のパターンを出来上りの
状態に重ねて、角の余分を切る

1 身頃の肩を縫う

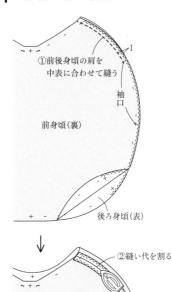

①前後身頃の肩を
中表に合わせて縫う

袖口

前身頃（裏）

後ろ身頃（表）

②縫い代を割る

前身頃（裏）

2 衿を作る

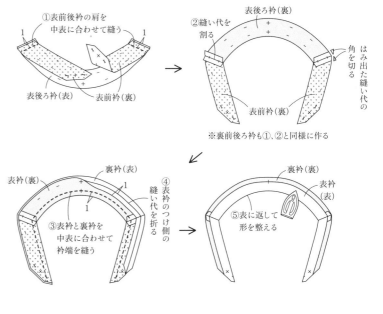

①表前後衿の肩を
中表に合わせて縫う

表後ろ衿（表）　表前衿（裏）

②縫い代を
割る

表後ろ衿（裏）

はみ出た縫い代の
角を切る

表前衿（裏）

※裏前後ろ衿も①、②と同様に作る

裏衿（表）
裏衿（裏）

③表衿と裏衿を
中表に合わせて
衿端を縫う

④表衿のつけ側の
縫い代を折る

裏衿（裏）

⑤表に返して
形を整える

表衿
（表）

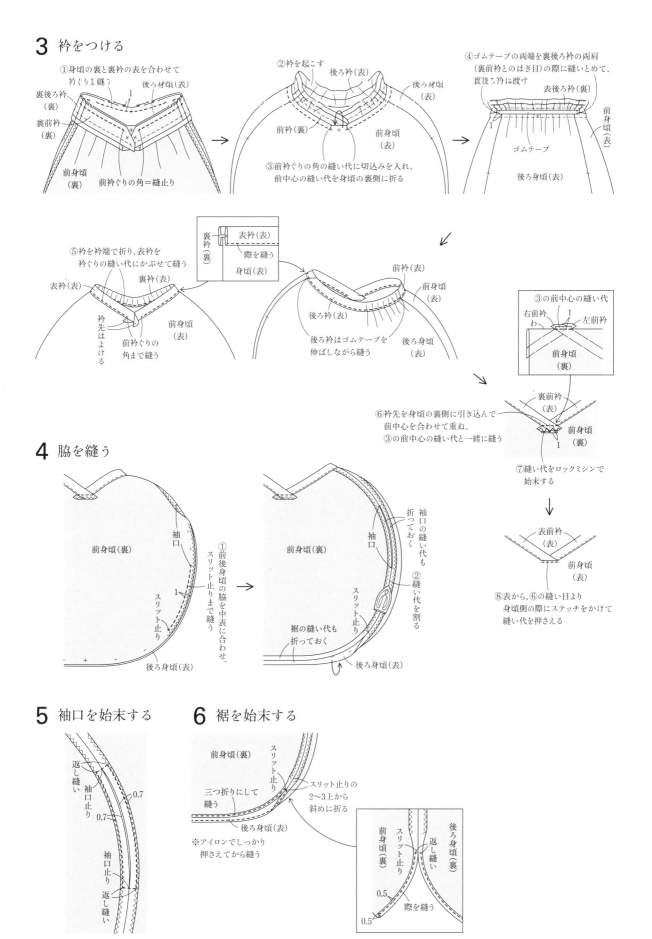

3 衿をつける

①身頃の裏と裏衿の表を合わせて衿ぐりを縫う

裏後ろ衿（裏）
裏前衿（裏）
後ろ身頃（表）
前身頃（裏）
前衿ぐりの角＝縫止り
1

②衿を起こす

後ろ衿（表）
後ろ身頃（表）
前衿（裏）
前身頃（表）

③前衿ぐりの角の縫い代に切込みを入れ、前中心の縫い代を身頃の裏側に折る

④ゴムテープの両端を裏後ろ衿の両肩（裏前衿とのはぎ目）の際に縫いとめて、裏後ろ衿に渡す

表後ろ衿（裏）
前身頃（表）
ゴムテープ
後ろ身頃（表）

⑤衿を衿端で折り、表衿を衿ぐりの縫い代にかぶせて縫う

表衿（表）
裏衿（表）
衿先はよける
前衿ぐりの角まで縫う
前身頃（表）

裏衿（裏）
表衿（表）
際を縫う
身頃（表）

前衿（表）
前身頃（表）
後ろ衿（表）
後ろ身頃（表）
後ろ衿はゴムテープを伸ばしながら縫う

③の前中心の縫い代
右前衿
わ
左前衿
1
前身頃（裏）

⑥衿先を身頃の裏側に引き込んで前中心を合わせて重ね、③の前中心の縫い代と一緒に縫う

裏前衿（表）
前身頃（裏）
1

⑦縫い代をロックミシンで始末する

表前衿（表）
前身頃（裏）

⑧表から、⑥の縫い目より身頃側の際にステッチをかけて縫い代を押さえる

4 脇を縫う

前身頃（裏）
袖口
スリット止り
1
後ろ身頃（表）
①前後身頃の脇を中表に合わせ、スリット止りまで縫う

前身頃（裏）
袖口の縫い代も折っておく
袖口
②縫い代を割る
スリット止り
裾の縫い代も折っておく
後ろ身頃（表）

5 袖口を始末する

返し縫い
袖口止り
0.7
0.7
袖口止り
返し縫い

6 裾を始末する

前身頃（裏）
スリット止り
三つ折りにして縫う
後ろ身頃（表）
スリット止りの2〜3上から斜めに折る

※アイロンでしっかり押さえてから縫う

前身頃（裏）
スリット止り
返し縫い
後ろ身頃（裏）
0.5
際を縫う
0.5

C ★★ ひらひらキャミソール

D ★★ ひらひらワンピース

出来上り寸法
※左からサイズ90／100／110／120／130cm
バスト＝110／114／118／122／126cm
C 着丈（身頃）＝27.5／30／32.5／35／37.5cm
D 着丈（身頃）＝48.5／53／57.5／62／66.5cm

パターン
1表

材料　※左から90／100／110／120／130cm
C 表布＝106cm幅 120／130／140／150／160cm
D 表布＝106cm幅 155／170／185／200／215cm
ゴムテープ＝1cm幅 20cmを2本
　　　　　　1.5cm幅 58／62／66／70／74cm

準備　※裁合せ図も参照
※後ろ身頃、後ろフリルの中心の縫い代端を
　ロックミシンで始末する。

作り方順序
1　ループ、肩ひもを作る
2　後ろ身頃の中心を縫う
3　前後身頃の脇を縫い、裾を始末する
4　後ろフリルの中心を縫い、
　　スリットを始末する
5　前後フリルの脇を縫い、裾を始末する
6　身頃とフリルの上端に
　　肩ひもとループをはさんで縫う
7　上端にゴムテープを通す

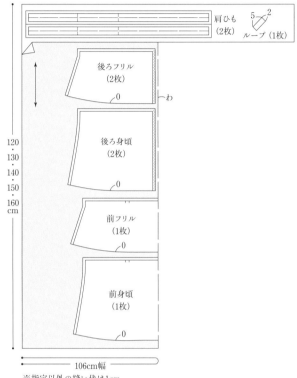

C 裁合せ図
上からサイズ90／100／110／120／130cm

肩ひも（2枚）
ループ（1枚）
後ろフリル（2枚）
後ろ身頃（2枚）
前フリル（1枚）
前身頃（1枚）
わ
120・130・140・150・160cm
106cm幅

※指定以外の縫い代は1cm
※ループは図に示した寸法で裁つ

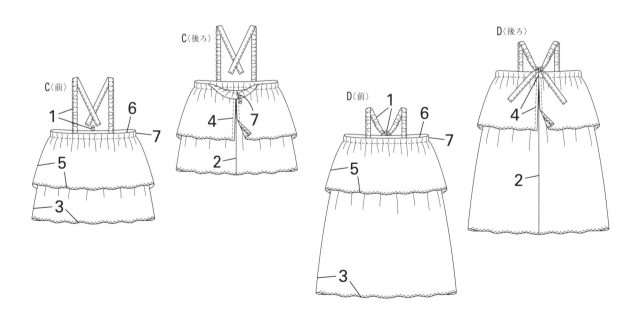

C〈前〉　C〈後ろ〉　D〈前〉　D〈後ろ〉

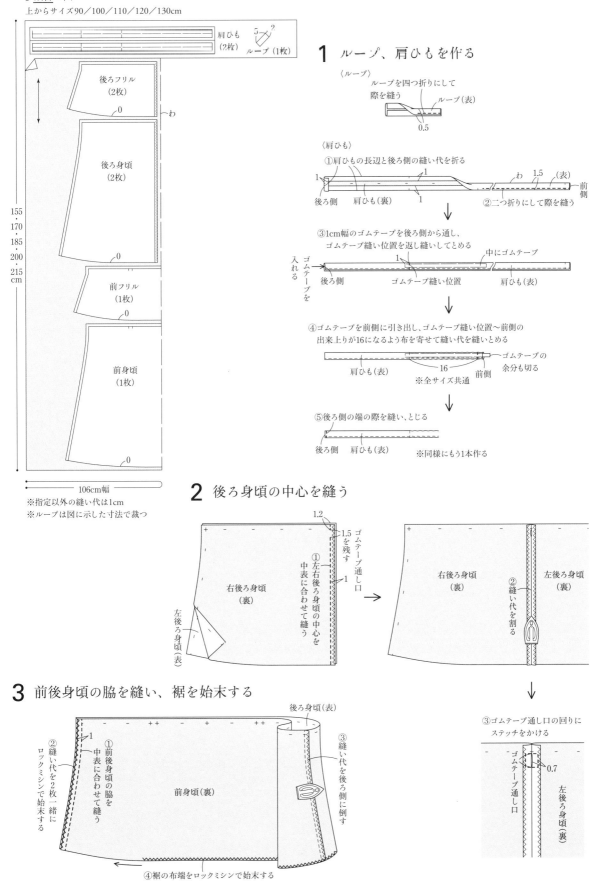

D 裁合せ図

上からサイズ90／100／110／120／130cm

肩ひも（2枚）

ループ（1枚）

後ろフリル（2枚）

後ろ身頃（2枚）

前フリル（1枚）

前身頃（1枚）

わ

0

0

0

0

155・170・185・200・215cm

106cm幅

※指定以外の縫い代は1cm
※ループは図に示した寸法で裁つ

1 ループ、肩ひもを作る

〈ループ〉
ループを四つ折りにして
際を縫う
ループ（表）
0.5

〈肩ひも〉
①肩ひもの長辺と後ろ側の縫い代を折る
後ろ側　肩ひも（裏）　1　わ　1.5　（表）　前側
②二つ折りにして際を縫う

③1cm幅のゴムテープを後ろ側から通し、
ゴムテープ縫い位置を返し縫いしてとめる
ゴムテープを入れる
後ろ側　ゴムテープ縫い位置　1　中にゴムテープ　肩ひも（表）

④ゴムテープを前側に引き出し、ゴムテープ縫い位置～前側の
出来上りが16になるよう布を寄せて縫い代を縫いとめる
肩ひも（表）　16　前側　ゴムテープの余分も切る
※全サイズ共通

⑤後ろ側の端の際を縫い、とじる
後ろ側　肩ひも（表）　※同様にもう1本作る

2 後ろ身頃の中心を縫う

1.2
1.5を残す
ゴムテープ通し口
右後ろ身頃（裏）
1
①左右後ろ身頃の中心を中表に合わせて縫う
左後ろ身頃（表）

右後ろ身頃（裏）　左後ろ身頃（裏）
②縫い代を割る

③ゴムテープ通し口の回りにステッチをかける
ゴムテープ通し口
0.7
左後ろ身頃（裏）

3 前後身頃の脇を縫い、裾を始末する

後ろ身頃（表）
1
②縫い代をロックミシンで2枚一緒に始末する
①前後身頃の脇を中表に合わせて縫う
③縫い代を後ろ側に倒す
前身頃（裏）
④裾の布端をロックミシンで始末する

4 後ろフリルの中心を縫い、スリットを始末する

①左右後ろフリルの中心を中表に合わせて
上端〜スリット止りまで縫う

②縫い代を割り、スリットの縫い代も折る

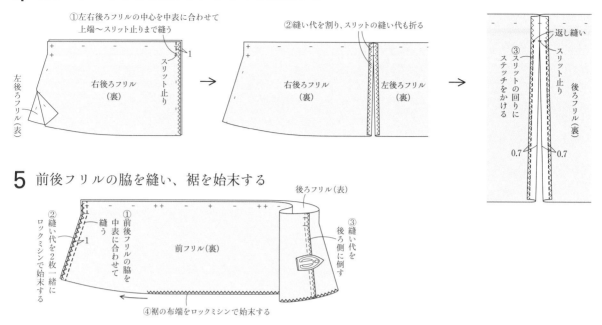

右後ろフリル（裏）

スリット止り
1

左後ろフリル（表）

右後ろフリル（裏）

左後ろフリル（裏）

返し縫い

③スリットの回りにステッチをかける

スリット止り

後ろフリル（裏）

0.7　0.7

5 前後フリルの脇を縫い、裾を始末する

②縫い代を2枚一緒にロックミシンで始末する

①前後フリルの脇を中表に合わせて縫う

1

前フリル（裏）

後ろフリル（表）

③縫い代を後ろ側に倒す

④裾の布端をロックミシンで始末する

6 身頃とフリルの上端に肩ひもとループをはさんで縫う

①前身頃の裏に肩ひも、後ろ身頃の裏にループを上端の縫い代に仮どめする

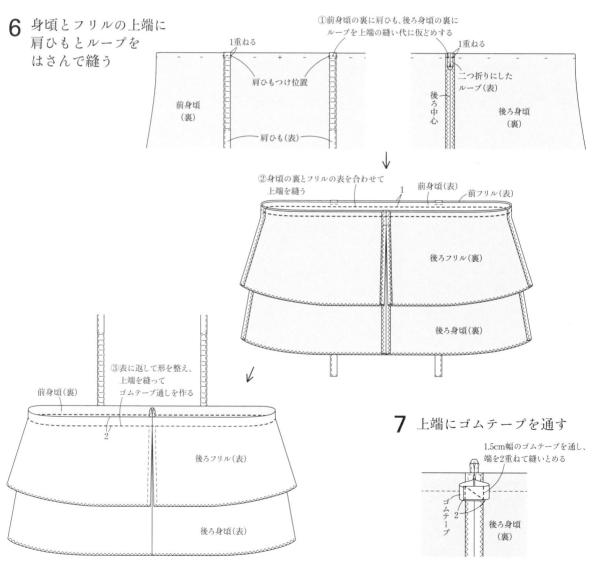

1重ねる

肩ひもつけ位置

前身頃（裏）

肩ひも（表）

1重ねる

二つ折りにしたループ（表）

後ろ中心

後ろ身頃（裏）

②身頃の裏とフリルの表を合わせて上端を縫う

1

前身頃（表）

前フリル（表）

後ろフリル（裏）

後ろ身頃（裏）

③表に返して形を整え、上端を縫ってゴムテープ通しを作る

前身頃（裏）

2

後ろフリル（表）

後ろ身頃（表）

7 上端にゴムテープを通す

1.5cm幅のゴムテープを通し、端を2重ねて縫いとめる

ゴムテープ

2

後ろ身頃（裏）

S ★   たてがみニット帽   → p.11, 14

出来上り寸法
頭回り＝46cm
高さ＝20cm

パターン
2表

材料
表布（ニット地）＝60×30cm
別布（ウールやコットン）＝50×50cm

作り方順序
1 フリンジを作る
2 本体のダーツを縫う
3 本体の脇にフリンジを
　はさんで縫う

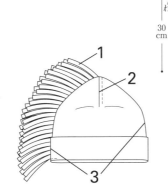

裁合せ図
表布

わ　本体（2枚）　本体　わ
30cm　0　0
60cm

別布

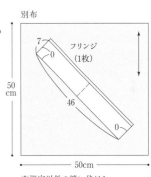

7　0　フリンジ（1枚）
50cm
46
0
50cm

※指定以外の縫い代は1cm
※フリンジは図に示した寸法で裁つ

1 フリンジを作る

フリンジ（表）
1
1
フリンジ布に1間隔で
切込みを入れる

外表に二つ折りに
しておく
（表）

2 本体のダーツを縫う

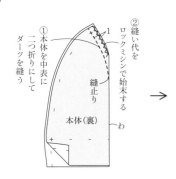

①本体を中表に
二つ折りにして
ダーツを縫う

②縫い代を
ロックミシンで始末する

縫止り

本体（裏）

わ

③縫い代を片側に倒し、
ステッチをかけて押さえる

0.7

本体（裏）

※もう1枚も同様に縫う

本体（表）
本体（裏）
フリンジ（表）　フリンジ（裏）

3 本体の脇に
フリンジをはさんで縫う

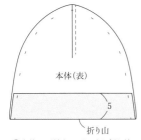

本体（表）

5

折り山
①本体の下端（かぶり口）を折り線で
中表に折る

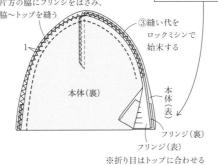

②本体2枚を中表に合わせて
片方の脇にフリンジをはさみ、
脇〜トップを縫う

③縫い代を
ロックミシンで
始末する

1

本体（裏）

本体（表）

フリンジ（裏）
フリンジ（表）

※折り目はトップに合わせる

脇

本体（表）

④縫い代を片側に倒し、
下端にステッチをかけて
縫い代を押さえる

E ★★★　セーラー衿のワンピース　→ p.34, 36

F ★★★　ピエロ衿のワンピース（ブラウス）　→ p.8, 10, 42
※ブラウスは、ワンピースの身頃の長さを好みの丈に短くする

出来上り寸法
※左からサイズ90／100／110／120／130 cm
バスト＝73／77／81／85／89cm
着丈＝58.5／64.5／70.5／76.5／82.5cm
袖丈＝27／31／35／39／43cm

パターン
2裏

材料　※左から90／100／110／120／130cm
〈衿が別布の場合〉
E　表布＝106cm幅 140／150／160／170／180cm
　　別布＝80×50／80×50／80×50／90×50／
　　　　　90×50cm
F　表布＝106cm幅 140／150／160／170／180cm
　　別布＝40×40／40×40／40×40／50×40／
　　　　　50×40cm
〈衿が共布の場合〉
E　表布＝106cm幅 180／190／220／220／230cm
F　表布＝106cm幅 170／180／200／220／230cm

接着芯＝10×20cm
ボタン＝直径1cmを1個

［Fブラウスの用尺の目安（106cm幅）］
好みの着丈×2＋10〜20cmを用意する

準備　※裁合せ図も参照
※見返しの裏に接着芯をはる。
※見返しの回り、Fは衿回りの布端をロック
　ミシンで始末する。

作り方順序
1　ボタンループを作る
2　衿を作る
3　後ろあきを見返しで縫い返す
4　前後身頃の肩を縫う
5　衿をつけながら衿ぐりを始末し、
　　ボタンループをつける
6　袖をつける
7　袖下〜脇を縫う
8　袖口、裾を始末する
9　ボタンをつける

裁合せ図〈衿が別布〉
表布は上からサイズ90／100／110／120／130cm

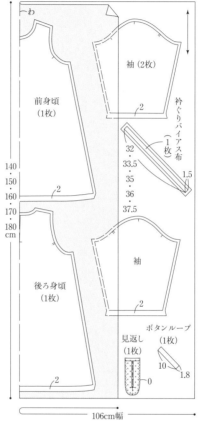

E別布

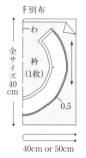

F別布

※指定以外の縫い代は1cm
※衿ぐりバイアス布、ボタンループは
　図に示した寸法で裁つ
※〈点線〉は接着芯をはる位置

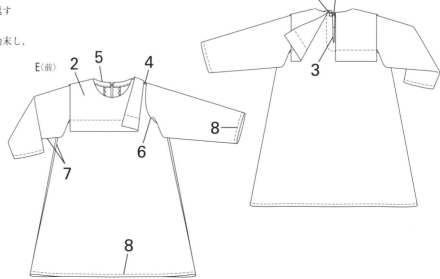

裁合せ図 〈衿が共布〉
表布は上からサイズ90／100／110／120／130cm

E

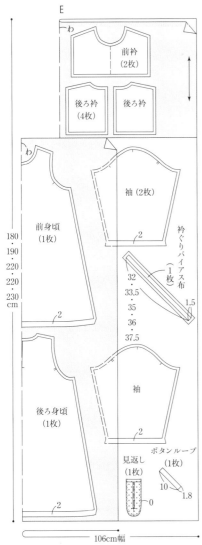

前衿
(2枚)

後ろ衿
(4枚)

後ろ衿

わ

袖 (2枚)

前身頃
(1枚)

180
・
190
・
220
・
220
・
230
cm

衿ぐりバイアス布
（1枚）

32
・
33.5
・
35
・
36
・
37.5

2

1.5

袖

後ろ身頃
(1枚)

見返し
(1枚)

ボタンループ
(1枚)

10
1.8
0

2

2

106cm幅

※指定以外の縫い代は1cm
※衿ぐりバイアス布、ボタンループは図に示した寸法で裁つ
※ ⬚ は接着芯をはる位置

F

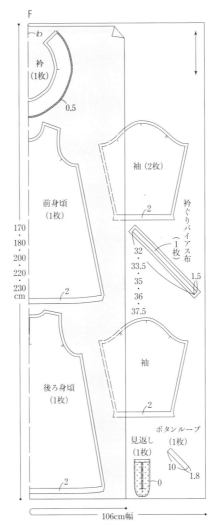

わ

衿
(1枚)

0.5

袖 (2枚)

前身頃
(1枚)

170
・
180
・
200
・
220
・
230
cm

衿ぐりバイアス布
（1枚）

32
・
33.5
・
35
・
36
・
37.5

2

1.5

後ろ身頃
(1枚)

袖

見返し
(1枚)

ボタンループ
(1枚)

10
1.8
0

2

2

2

106cm幅

※指定以外の縫い代は1cm
※衿ぐりバイアス布、ボタンループは図に示した寸法で裁つ
※ ⬚ は接着芯をはる位置

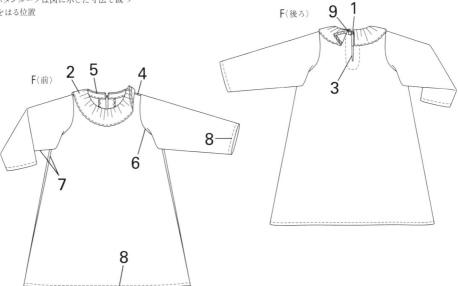

F〈後ろ〉

9 1

3

F〈前〉

2 5 4

8

6

7

8

1 ボタンループを作る

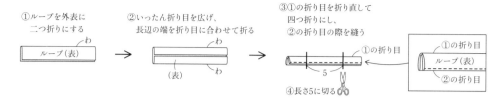

①ループを外表に
二つ折りにする

ループ（表）　わ

②いったん折り目を広げ、
長辺の端を折り目に合わせて折る

わ
（表）
わ

③①の折り目を折り直して
四つ折りにし、
②の折り目の際を縫う

①の折り目

5

④長さ5に切る✂

①の折り目
ループ（表）
②の折り目

2 衿を作る

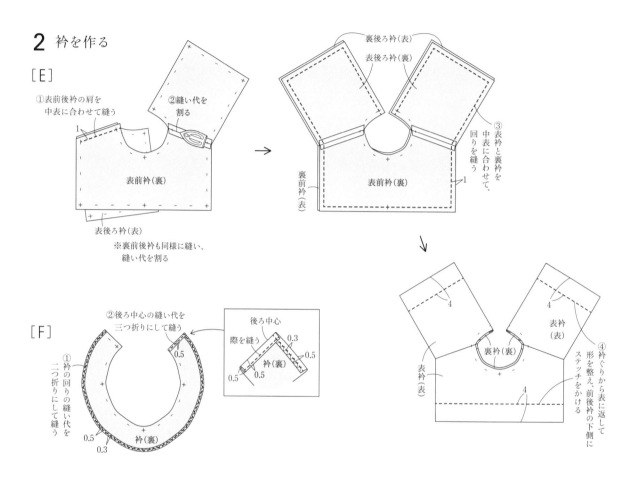

［E］

①表前後衿の肩を
中表に合わせて縫う

1

②縫い代を
割る

表前衿（裏）

表後ろ衿（表）

※裏前後衿も同様に縫い、
縫い代を割る

裏後ろ衿（表）
表後ろ衿（裏）

裏前衿（表）

表前衿（裏）

③表衿と裏衿を
中表に合わせて、
回りを縫う

1

4

表衿
（表）

裏衿（裏）

表衿（表）

4

④衿ぐりから表に返して
形を整え、前後衿の下側に
ステッチをかける

4

［F］

②後ろ中心の縫い代を
三つ折りにして縫う

①衿の回りの縫い代を
二つ折りにして縫う

0.5
0.3

衿（裏）

後ろ中心
際を縫う

0.3
0.5

0.5
0.5

衿（裏）

3 後ろあきを見返しで縫い返す

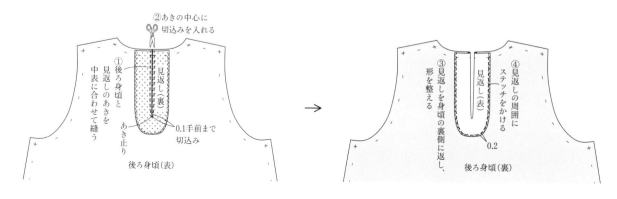

②あきの中心に
切込みを入れる✂

①後ろ身頃と
見返しのあきを
中表に合わせて縫う

見返し（裏）

あき止り

0.1手前まで
切込み

後ろ身頃（表）

③見返しを身頃の裏側に返し、
形を整える

④見返しの周囲に
ステッチをかける

見返し（表）

0.2

後ろ身頃（裏）

4 前後身頃の肩を縫う

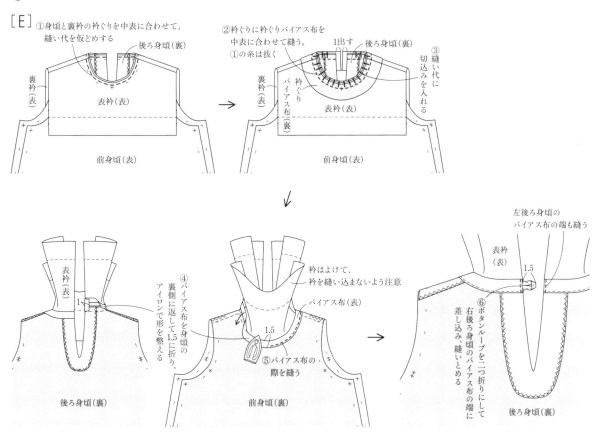

後ろ身頃(表)

②縫い代を2枚一緒に
ロックミシンで始末する

①前後身頃の肩を
中表に合わせて
縫う

前身頃(裏)

後ろ身頃

③縫い代を
後ろ側に倒す

前身頃(裏)

5 衿をつけながら衿ぐりを始末し、ボタンループをつける

[E] ①身頃と裏衿の衿ぐりを中表に合わせて、
縫い代を仮どめする

後ろ身頃(裏)

裏衿(表)

表衿(表)

前身頃(表)

②衿ぐりに衿ぐりバイアス布を
中表に合わせて縫う。
①の糸は抜く

1出す　後ろ身頃(裏)

③縫い代に
切込みを入れる

裏衿(表)

衿ぐりバイアス布(裏)

表衿(表)

前身頃(表)

表衿(表)

1

④バイアス布を身頃の
裏側に返して1.5に折り、
アイロンで形を整える

後ろ身頃(裏)

衿はよけて、
衿を縫い込まないよう注意

バイアス布(表)

1.5

⑤バイアス布の
際を縫う

前身頃(裏)

左後ろ身頃の
バイアス布の端も縫う

表衿
(表)

1.5

⑥ボタンループを二つ折りにして
右後ろ身頃のバイアス布の端に
差し込み、縫いとめる

後ろ身頃(裏)

[F] ①衿の衿ぐりの縫い代に、
粗い針目のミシンを
2本かける

衿(表)

②身頃の表と衿の裏の衿ぐりを合わせて、
合い印とその間をまち針でとめる

衿(表)　　後ろ身頃(裏)

③身頃の衿ぐり寸法に合わせて
ギャザーを寄せ、
縫い代を仮どめする

前身頃(表)

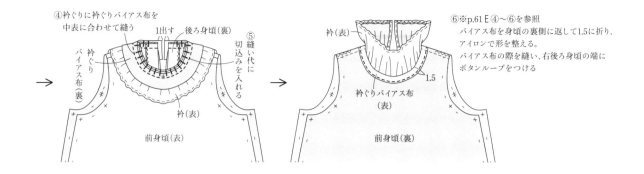

④衿ぐりに衿ぐりバイアス布を中表に合わせて縫う

1出す

後ろ身頃(裏)

⑤縫い代に切込みを入れる

衿ぐりバイアス布(裏)

衿(表)

前身頃(表)

⑥※p.61 E④～⑥を参照
バイアス布を身頃の裏側に返して1.5に折り、アイロンで形を整える。
バイアス布の際を縫い、右後ろ身頃の端にボタンループをつける

衿(表)

衿ぐりバイアス布(表)

1.5

前身頃(裏)

6 袖をつける

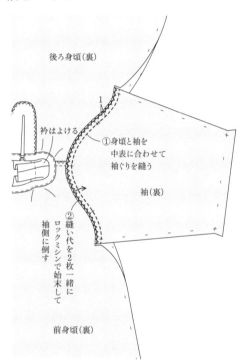

後ろ身頃(裏)

1

衿はよける

①身頃と袖を中表に合わせて袖ぐりを縫う

袖(裏)

②縫い代を2枚一緒にロックミシンで始末して袖側に倒す

前身頃(裏)

7 袖下～脇を縫う

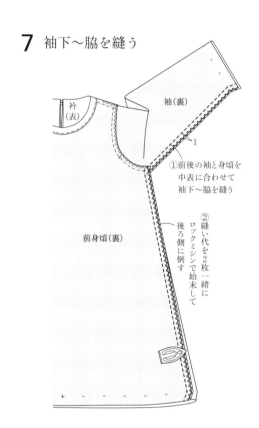

衿(表)

袖(裏)

1

①前後の袖と身頃を中表に合わせて袖下～脇を縫う

②縫い代を2枚一緒にロックミシンで始末して後ろ側に倒す

前身頃(裏)

8 袖口、裾を始末する

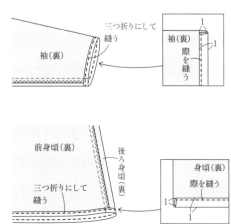

三つ折りにして縫う

袖(裏)

1

袖(裏)

際を縫う

1

前身頃(裏)

後ろ身頃(裏)

三つ折りにして縫う

身頃(裏)

際を縫う

1

1

9 ボタンをつける

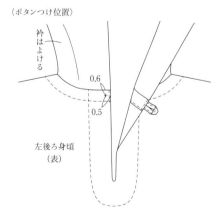

〈ボタンつけ位置〉

衿はよける

0.6

0.5

左後ろ身頃(表)

出来上り寸法
※左からサイズ90／100／110／120／130cm
バスト＝73／77／81／85／89cm
着丈＝58.5／64.5／70.5／76.5／82.5cm

パターン
2裏

材料　※左から90／100／110／120／130cm
〈p.23 袖が共布の場合〉
表布＝106cm幅
150／170／170／190／200cm

〈p.36 袖が別布の場合〉
表布＝106cm幅
140／150／160／170／180cm
別布＝106cm幅 50／50／60／60／60cm

接着芯＝50×20cm
ボタン＝直径1cmを1個

準備　※裁合せ図も参照
※前後見返しの裏に接着芯をはる。

作り方順序
1　ボタンループを作る
2　前後見返しの肩を縫う
3　前後身頃の肩を縫う
4　衿ぐりと後ろあきを見返しで
　　縫い返し、ボタンループをつける
5　袖ぐりを始末する
6　袖を作り、つける
7　脇を縫い、袖の下端を縫う
8　裾を始末する
9　ボタンをつける

裁合せ図
〈袖が共布〉
上からサイズ90／100／110／120／130cm
表布

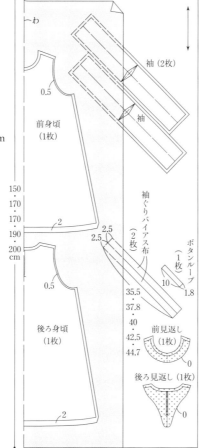

※指定以外の縫い代は1cm
※衿ぐりバイアス布、ボタンループは
　図に示した寸法で裁つ
※[:::::]は接着芯をはる位置

〈袖が別布〉
上からサイズ90／100／110／120／130cm
表布

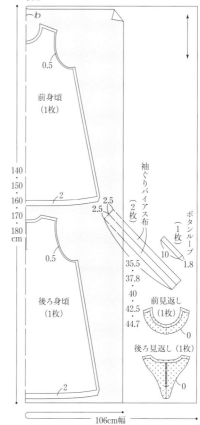

別布

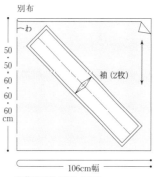

※指定以外の縫い代は1cm
※衿ぐりバイアス布、ボタンループは
　図に示した寸法で裁つ
※[:::::]は接着芯をはる位置

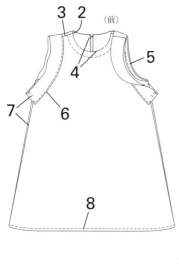

1 ボタンループを作る

①ループを外表に二つ折りにする

②いったん折り目を広げ、長辺の端を折り目に合わせて折る

③①の折り目を折り直して四つ折りにし、②の折り目の際を縫う

④長さ5に切る

2 前後見返しの肩を縫う

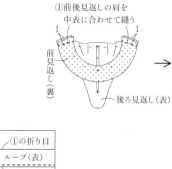
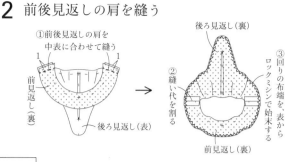

①前後見返しの肩を中表に合わせて縫う

②縫い代を割る

③回りの布端を、表からロックミシンで始末する

後ろ見返し（裏）
前見返し（裏）
後ろ見返し（表）
前見返し（裏）

3 前後身頃の肩を縫う

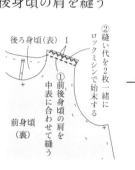
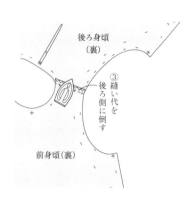

①前後身頃の肩を中表に合わせて縫う

②縫い代を2枚一緒にロックミシンで始末する

③縫い代を後ろ側に倒す

後ろ身頃（表）
前身頃（裏）
後ろ身頃（裏）
前身頃（裏）

4 衿ぐりと後ろあきを見返しで縫い返し、ボタンループをつける

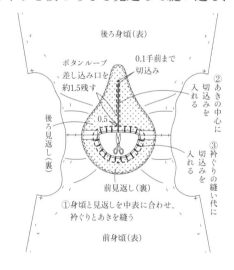
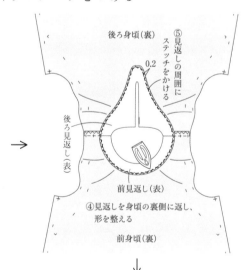

後ろ身頃（表）
ボタンループ差し込み口を約1.5残す
0.1手前まで切込み
②あきの中心に切込みを入れる
③衿ぐりの縫い代に切込みを入れる
後ろ見返し（裏）
前見返し（裏）
①身頃と見返しを中表に合わせ、衿ぐりとあきを縫う
前身頃（表）

後ろ身頃（裏）
⑤見返しの周囲にステッチをかける
0.2
後ろ見返し（表）
前見返し（表）
④見返しを身頃の裏側に返し、形を整える
前身頃（裏）

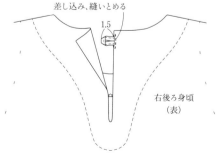

⑥ボタンループを二つ折りにして、右後ろ身頃あきの①で残した部分に差し込み、縫いとめる

1.5

右後ろ身頃（表）

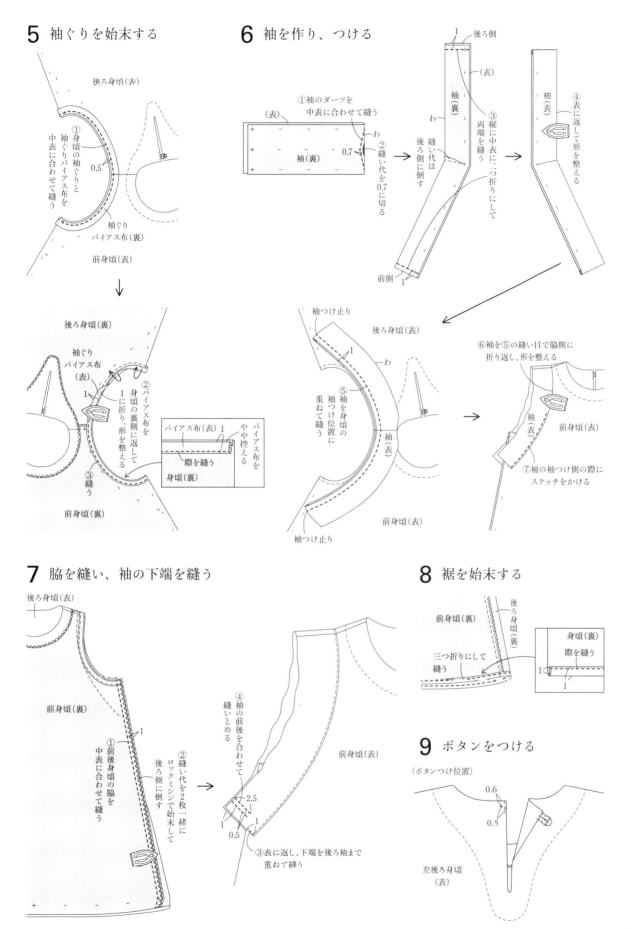

5 袖ぐりを始末する

後ろ身頃（表）

①身頃の袖ぐりと袖ぐりバイアス布を中表に合わせて縫う

0.5

袖ぐりバイアス布（裏）

前身頃（表）

後ろ身頃（裏）

袖ぐりバイアス布（表）

1

②バイアス布を身頃の裏側に返して1に折り、形を整える

③縫う

バイアス布（表） 1

バイアス布をやや控える

際を縫う

身頃（裏）

前身頃（裏）

6 袖を作り、つける

①袖のダーツを中表に合わせて縫う

（表）

わ

袖（裏）

0.7

②縫い代を0.7に切る

1 後ろ側

（表）

わ

袖（裏）

縫い代は後ろ側に倒す

③縦に中表に二つ折りにして両端を縫う

前側 1

袖（表）

④表に返して形を整える

袖つけ止り

後ろ身頃（表）

1

わ

⑤袖を身頃の袖つけ位置に重ねて縫う

袖（表）

前身頃（表）

袖つけ止り

⑥袖を⑤の縫い目で脇側に折り返し、形を整える

袖（表）

前身頃（表）

⑦袖の袖つけ側の際にステッチをかける

7 脇を縫い、袖の下端を縫う

後ろ身頃（表）

前身頃（裏）

①前後身頃の脇を中表に合わせて縫う

1

②縫い代を2枚一緒にロックミシンで始末して後ろ側に倒す

④袖の前後を合わせて縫いとめる

前身頃（表）

2.5

1 1

0.5

③表に返し、下端を後ろ袖まで重ねて縫う

8 裾を始末する

前身頃（裏）

後ろ身頃（裏）

三つ折りにして縫う

身頃（裏）

際を縫う

1

1

9 ボタンをつける

〈ボタンつけ位置〉

0.6

0.5

左後ろ身頃（表）

65

<u>出来上り寸法</u>
※左からサイズ90／100／110／120／130cm
バスト＝73／77／81／85／89cm
着丈＝41.5／45.5／49.5／53.5／57.5cm
袖丈＝19.5／21／22.5／23.5／25cm

<u>パターン</u>
1裏（前後見返しは2裏）

<u>材料</u>　※左から90／100／110／120／130cm
表布＝106cm幅 130／140／150／160／170cm
接着芯＝50×20cm
ボタン＝直径1cmを1個

<u>準備</u>　※裁合せ図も参照
※前後見返しの裏に接着芯をはる。

<u>作り方順序</u>
1　ボタンループを作る →p.64-1参照
2　前後見返しの肩を縫う →p.64-2参照
3　前後身頃の肩を縫う →p.64-3参照
4　衿ぐりと後ろあきを見返しで縫い返し、
　　ボタンループをつける →p.64-4参照
5　袖を作る
6　袖をつける
7　袖下～脇を縫い、スリットを始末する
8　裾を始末する
9　ボタンをつける →p.65-9参照

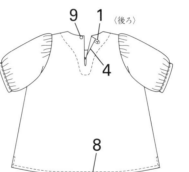

裁合せ図
上からサイズ90／100／110／120／130cm

前身頃（1枚）　前見返し（1枚）　後ろ見返し（1枚）　後ろ身頃（1枚）　ボタンループ（1枚）　カフス（2枚）　中心　袖（2枚）

130／140／150／160／170cm

106cm幅

※指定以外の縫い代は1cm
※カフス、ボタンループは
　図に示した寸法で裁つ
※　　　は接着芯をはる位置

5　袖を作る

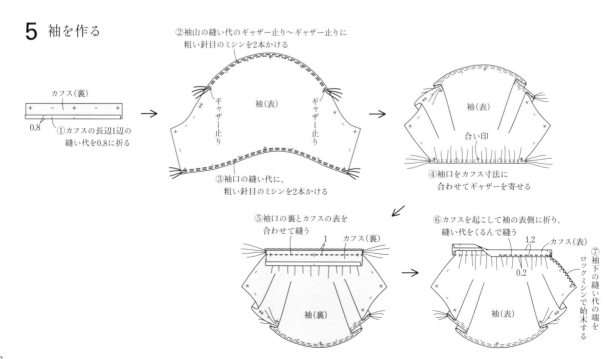

①カフスの長辺1辺の縫い代を0.8に折る

②袖山の縫い代のギャザー止り～ギャザー止りに粗い針目のミシンを2本かける

③袖口の縫い代に、粗い針目のミシンを2本かける

④袖口をカフス寸法に合わせてギャザーを寄せる

⑤袖口の裏とカフスの表を合わせて縫う

⑥カフスを起こして袖の表側に折り、縫い代をくるんで縫う

⑦袖下の縫い代の端をロックミシンで始末する

6 袖をつける

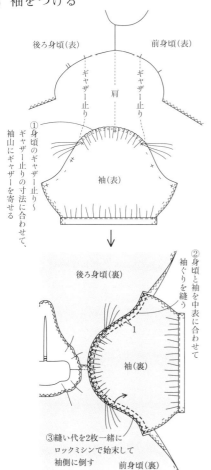

後ろ身頃（表）　前身頃（表）

ギャザー止り　肩　ギャザー止り

①身頃のギャザー止り～ギャザー止りの寸法に合わせて、袖山にギャザーを寄せる

袖（表）

↓

後ろ身頃（裏）

②身頃と袖を中表に合わせて袖ぐりを縫う

袖（裏）

③縫い代を2枚一緒にロックミシンで始末して袖側に倒す

前身頃（裏）

7 袖下〜脇を縫い、スリットを始末する

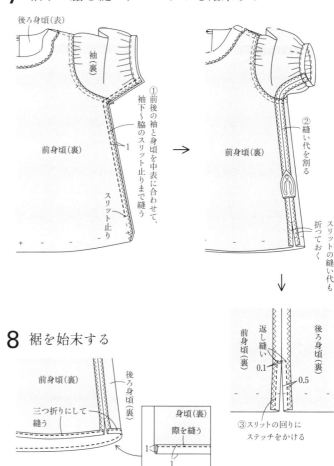

後ろ身頃（表）

袖（裏）

前身頃（裏）

①前後の袖と身頃を中表に合わせて、袖下〜脇のスリット止りまで縫う

スリット止り

1

→

前身頃（裏）

②縫い代を割る

スリットの縫い代も折っておく

②前身頃（裏）　後ろ身頃（裏）

返し縫い　0.1

0.5

③スリットの回りにステッチをかける

8 裾を始末する

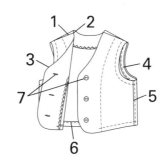

前身頃（裏）　後ろ身頃（裏）

三つ折りにして縫う

身頃（裏）　際を縫う

1　1

K ★★　ボタンチョッキ　→ p.27, 34

出来上り寸法
※左からサイズ90／100／110／120／130cm
バスト＝62／66／70／74／78cm
着丈＝27.5／30.5／33.5／36.5／39.5cm

パターン
2裏

材料　※左から90／100／110／120／130cm
表布＝106cm幅 80／80／90／90／90cm
接着芯＝60×40／40／40／50／50cm
両折りりバイアステープ＝1.27cm幅 70／80／
　　　　　　　　　　　　90／100／110cm
ボタン＝直径1.3cmを3個

準備　※裁合せ図も参照
※前後見返しの裏に接着芯をはる。

作り方順序
1　前後身頃の肩を縫う
2　前後見返しの肩を縫う
3　前端〜衿ぐりを見返しで縫い返す
4　袖ぐりを始末する
5　脇を縫う
6　裾を始末する
7　ボタンホールを作り、
　　ボタンをつける

1　2

3

7

4

5

6

裁合せ図
上からサイズ90／100／110／120／130cm

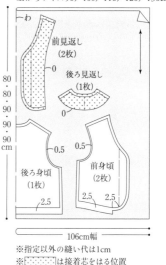

わ

前見返し（2枚）　0

後ろ見返し（1枚）　0

80・80・90・90・90cm

0.5　0.5

後ろ身頃（1枚）　前身頃（2枚）

2.5　2.5　2.5

106cm幅

※指定以外の縫い代は1cm
※ ▨ は接着芯をはる位置

1 前後身頃の肩を縫う

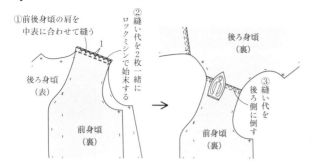

①前後身頃の肩を
中表に合わせて縫う

②縫い代を2枚一緒に
ロックミシンで始末する

後ろ身頃
（表）

前身頃
（裏）

後ろ身頃（裏）

③縫い代を
後ろ側に倒す

前身頃（裏）

2 前後見返しの肩を縫う

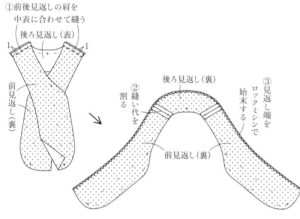

①前後見返しの肩を
中表に合わせて縫う

後ろ見返し（表）

前見返し
（裏）

②縫い代を
割る

③見返し端を
ロックミシンで
始末する

後ろ見返し（裏）

前見返し（裏）

3 前端～衿ぐりを見返しで縫い返す

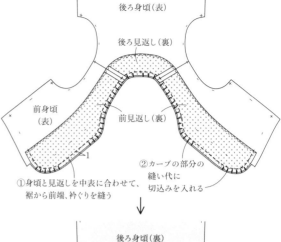

後ろ身頃（表）

後ろ見返し（裏）

前身頃
（表）

前見返し（裏）

①身頃と見返しを中表に合わせて、
裾から前端、衿ぐりを縫う

②カーブの部分の
縫い代に
切込みを入れる

後ろ身頃（裏）

後ろ見返し（表）

前身頃
（裏）

前見返し（表）

③見返しを身頃の裏側に返し、
アイロンで形を整える

4 袖ぐりを始末する

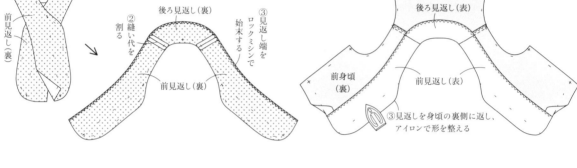

後ろ身頃（表）

両折り
バイアステープ
（裏）

0.5

①身頃の出来上り線と
両折りバイアステープの
片端を中表に
合わせて縫う

前身頃
（表）

後ろ身頃
（裏）

②バイアステープを
身頃の裏側に返し、
アイロンで形を整える

両折り
バイアステープ（表）

③縫う

前身頃
（裏）

両折り
バイアステープ（表）

テープをやや控える

際を縫う

身頃（裏）

5 脇を縫う

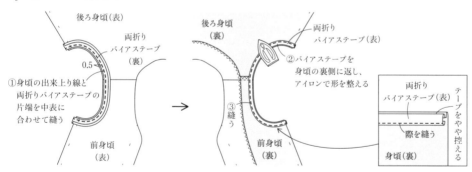

後ろ身頃
（表）

①前後身頃の脇を
中表に合わせて
縫う

前身頃
（裏）

②縫い代を2枚一緒に
ロックミシンで始末する

前身頃
（裏）

後ろ身頃
（裏）

③縫い代を後ろ側に倒し、
ステッチをかけて
縫い代を押さえる

縫い代

0.5

脇

後ろ身頃
（表）

前身頃
（表）

6 裾を始末する

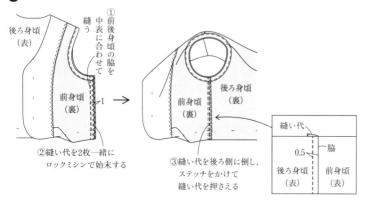

見返し端に
ステッチをかける

後ろ身頃（表）

前見返し
（表）

0.5

前身頃
（裏）

三つ折りにして縫う

※三つ折りに折ったら、アイロンで
押さえておくと縫いやすい

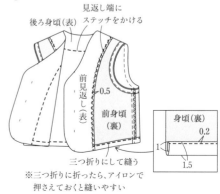

身頃（裏）

0.2

1

1.5

L ★★★　　ハワイアンシャツ半袖　　→ p.29, 38

M ★★★　　ベーシックシャツ＆ジャケット長袖　　→ p.34, 39

出来上り寸法
※左からサイズ90／100／110／120／130 cm
バスト＝70／74／78／82／86cm
着丈＝32／35／38／41／44cm
袖丈＝L　13／14／15／16.5／17.5cm
　　　　M　26／30／34／38／42cm

パターン
2表

材料　※左から90／100／110／120／130cm
L 表布＝106cm幅 90／90／100／110／110cm
M 表布＝106cm幅 110／120／130／140／150cm
接着芯＝70×50／50／60／60／60cm
ボタン＝直径1.15cmを5個

準備　※裁合せ図も参照
※表衿、見返しの裏に接着芯をはる。
※前身頃の見返しの端と肩、Mは前後身頃の
　脇、袖下の布端もロックミシンで始末する。

作り方順序
1　後ろ身頃と後ろヨークを縫う
2　前身頃と後ろヨークの肩を縫う
3　衿を作り、つける
4　袖をつける
5　袖下～脇を縫う
6　袖口を始末する
7　裾を始末する
8　ボタンホールを作り、
　　ボタンをつける

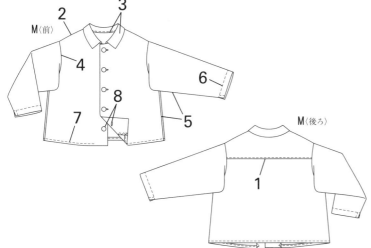

L 裁合せ図
上からサイズ90／100／110／120／130cm
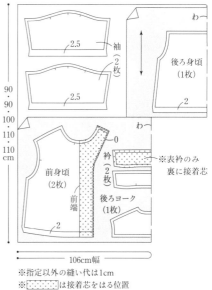
※指定以外の縫い代は1cm
※〔　〕は接着芯をはる位置

M 裁合せ図
上からサイズ90／100／110／120／130cm
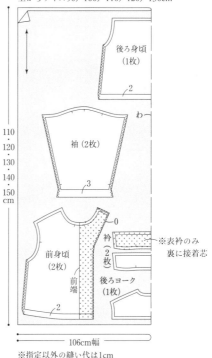
※指定以外の縫い代は1cm
※〔　〕は接着芯をはる位置

1 後ろ身頃と後ろヨークを縫う

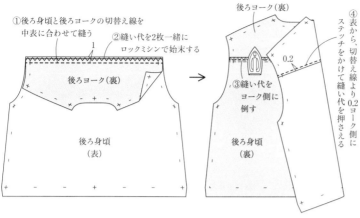

①後ろ身頃と後ろヨークの切替え線を
中表に合わせて縫う

②縫い代を2枚一緒に
ロックミシンで始末する

後ろヨーク(裏)

後ろヨーク(裏)

後ろ身頃
(表)

③縫い代を
ヨーク側に
倒す

④表から、切替え線より
0.2ヨーク側に
ステッチをかけて縫い代
を押さえる

0.2

後ろ身頃
(裏)

2 前身頃と後ろヨークの肩を縫う

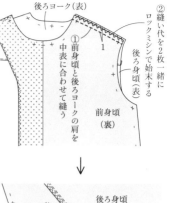

後ろヨーク(表)

②縫い代を2枚一緒に
ロックミシンで始末する

①前身頃と後ろヨークの肩を
中表に合わせて縫う

後ろ身頃(表)

前身頃
(裏)

後ろ
ヨーク
(裏)

後ろ身頃(裏)

③縫い代を
後ろ側に
倒す

前身頃
(裏)

3 衿を作り、つける

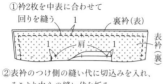

①衿2枚を中表に合わせて
回りを縫う

裏衿(表)

表衿(裏)

肩

②表衿のつけ側の縫い代に切込みを入れ、
そこより中心の縫い代を折る

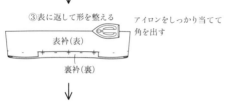

③表に返して形を整える

表衿(表)

裏衿(裏)

アイロンをしっかり当てて
角を出す

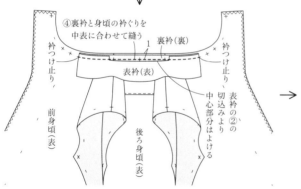

④裏衿と身頃の衿ぐりを
中表に合わせて縫う

裏衿(裏)

表衿(表)

衿つけ止り

衿つけ止り、中心部分はよる

表衿の②の
切込みより
中心部分はよる

前身頃
(表)

後ろ身頃
(表)

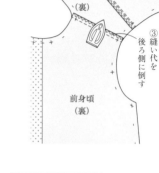

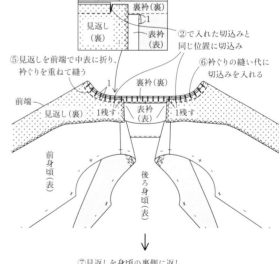

前身頃(表)　後ろヨーク(表)

裏衿(裏)

表衿(裏)

②で入れた切込みと
同じ位置に切込み

⑤見返しを前端で中表に折り、
衿ぐりを重ねて縫う

⑥衿ぐりの縫い代に
切込みを入れる

前端

見返し(裏)

表衿(表)

1残す

1残す

前身頃
(表)

後ろ身頃
(表)

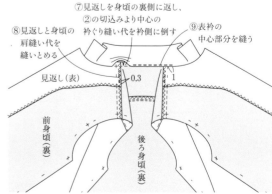

⑦見返しを身頃の裏側に返し、
②の切込みより中心の
衿ぐり縫い代を衿側に倒す

⑧見返しと身頃の
肩縫い代を
縫いとめる

⑨表衿の
中心部分を縫う

見返し(表)

0.3

1

前身頃
(裏)

後ろ身頃
(裏)

4 袖をつける

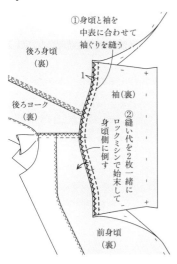

①身頃と袖を
中表に合わせて
袖ぐりを縫う

後ろ身頃
（裏）

後ろヨーク
（裏）

1

袖（裏）

②縫い代を2枚一緒に
ロックミシンで始末して
身頃側に倒す

前身頃
（裏）

5 袖下〜脇を縫う

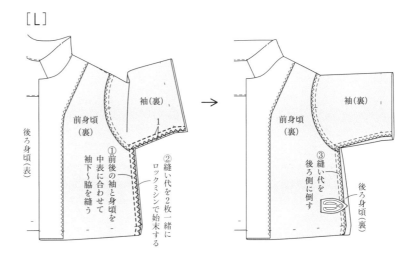

［L］

後ろ身頃
（表）

前身頃
（裏）

袖（裏）

1

①前後の袖と身頃を
中表に合わせて
袖下〜脇を縫う

②縫い代を2枚一緒に
ロックミシンで始末する

→

袖（裏）

③縫い代を
後ろ側に倒す

前身頃
（裏）

後ろ身頃
（裏）

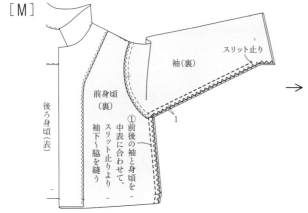

［M］

後ろ身頃
（表）

前身頃
（裏）

袖（裏）

スリット止り

1

①前後の袖と身頃を
中表に合わせて、
スリット止りより
袖下〜脇を縫う

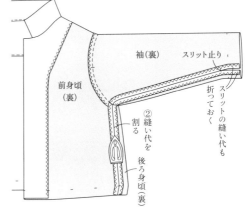

→

前身頃
（裏）

袖（裏）

スリット止り

②縫い代を
割る

後ろ身頃
（裏）

スリットの縫い代も
折っておく

6 袖口を始末する

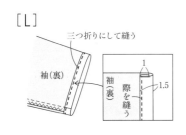

［L］

三つ折りにして縫う

袖（裏）

袖（裏）

際を縫う

1

1.5

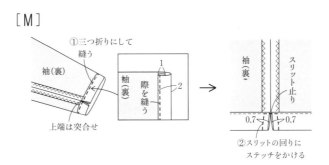

［M］

①三つ折りにして
縫う

袖（裏）

上端は突合せ

袖（裏）

際を縫う

1

2

→

袖（裏）

スリット止り

0.7　0.7

②スリットの回りに
ステッチをかける

7 裾を始末する

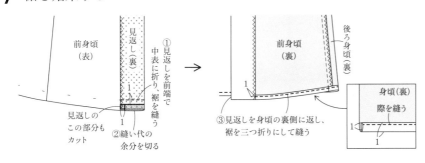

前身頃
（表）

見返し
（裏）

①見返しを前端で
中表に折り、裾を
縫う

1

1

見返しの
この部分も
カット

②縫い代の
余分を切る

→

前身頃
（裏）

後ろ身頃
（裏）

1

③見返しを身頃の裏側に返し、
裾を三つ折りにして縫う

身頃（裏）

際を縫う

1

J ★★★★★ アシンメトリーフリルドレス → p.18, 25

出来上り寸法
※左からサイズ90／100／110／120／130cm
バスト＝108／112／116／200／204cm
着丈（後ろ中心）＝62／68／74／80／86cm

パターン
2表

材料 ※左から90／100／110／120／130cm
表布＝106cm幅 180／190／210／220／230cm
接着芯＝10×80cm
ボタン＝直径1cmを2個

準備 ※裁合せ図も参照
※衿ぐり・短冊布の裏に接着芯をはる。
※前後身頃の脇、袋布の回りの布端をロック
　ミシンで始末する。

作り方順序
1　後ろ身頃のタックをたたむ
2　肩を縫う
3　衿ぐりと前中心にギャザーを寄せて、
　　衿ぐり・短冊布をつける
4　ポケットを作りながら、脇を縫う
5　袖口を始末する
6　フリルを作る
7　フリルにギャザーを寄せて、
　　身頃につける
8　短冊にボタンホールを作り、
　　ボタンをつける

裁合せ図
上からサイズ90／100／110／120／130cm

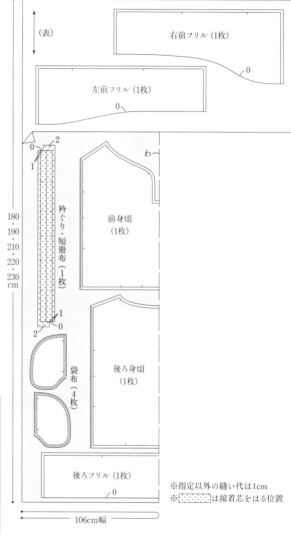

（表）
右前フリル（1枚）
左前フリル（1枚）
0
0
衿ぐり・短冊布（1枚）
前身頃（1枚）
わ
袋布（4枚）
後ろ身頃（1枚）
後ろフリル（1枚）
0
180・190・210・220・230 cm
106cm幅
※指定以外の縫い代は1cm
※ ┄┄ は接着芯をはる位置

※ボタンホールは、ボタンつけ
　位置に合わせて作る

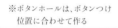

《上側（右前身頃）》
前中心
ボタンホール（ボタンの厚み＋直径）
《下側（左前身頃）》
前中心
ボタンつけ位置
0.3
衿ぐり・短冊布（表）

〈前〉
2
5
8
3
4
6
7

※縫い上がったら、一度洗うと
　ギャザーがなじむ

〈後ろ〉
1

1 後ろ身頃のタックをたたむ

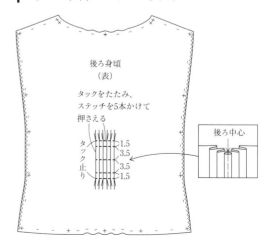

後ろ身頃
（表）
タックをたたみ、
ステッチを5本かけて
押さえる
タック止り
1.5
3.5
3.5
1.5
後ろ中心

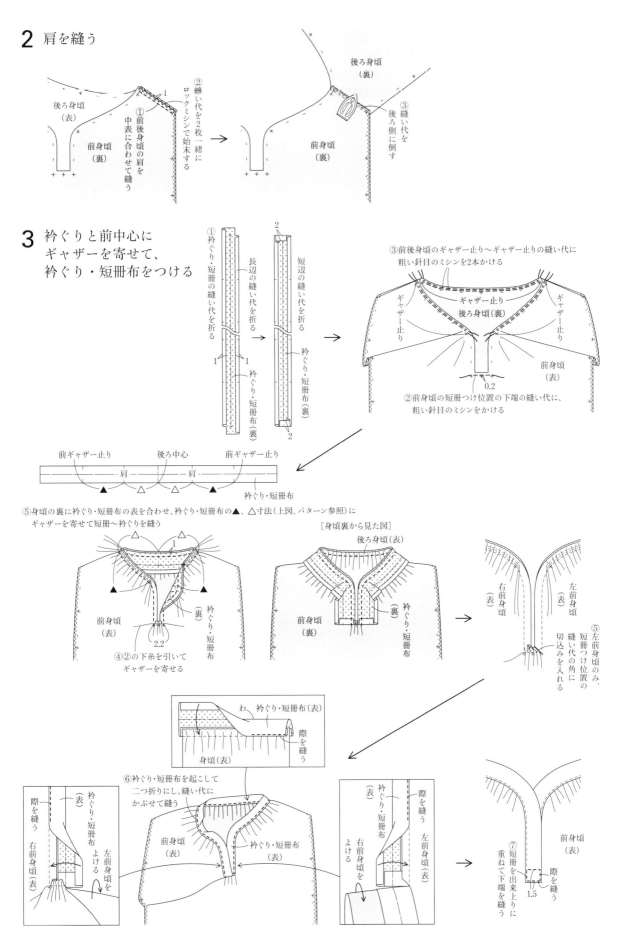

2 肩を縫う

後ろ身頃（裏）

後ろ身頃（表）

前身頃（裏）

①前後身頃の肩を中表に合わせて縫う

②縫い代を2枚一緒にロックミシンで始末する

前身頃（裏）

③縫い代を後ろ側に倒す

3 衿ぐりと前中心にギャザーを寄せて、衿ぐり・短冊布をつける

①衿ぐり・短冊布の縫い代を折る

長辺の縫い代を折る

短辺の縫い代を折る

衿ぐり・短冊布（裏）

③前後身頃のギャザー止り～ギャザー止りの縫い代に
粗い針目のミシンを2本かける

ギャザー止り

後ろ身頃（裏）

ギャザー止り

前身頃（表）

0.2

②前身頃の短冊つけ位置の下端の縫い代に、
粗い針目のミシンをかける

前ギャザー止り　　後ろ中心　　前ギャザー止り

肩　　　　肩

衿ぐり・短冊布

⑤身頃の裏に衿ぐり・短冊布の表を合わせ、衿ぐり・短冊布の▲、△寸法（上図、パターン参照）に
ギャザーを寄せて短冊～衿ぐりを縫う

前身頃（表）

衿ぐり・短冊布（裏）

④②の下糸を引いてギャザーを寄せる

2.2

［身頃裏から見た図］

後ろ身頃（表）

前身頃（裏）

衿ぐり・短冊布（裏）

右前身頃（表）

左前身頃（表）

⑤左前身頃のみ、短冊つけ位置の縫い代の角に切込みを入れる

わ　衿ぐり・短冊布（表）

身頃（表）

際を縫う

⑥衿ぐり・短冊布を起して
二つ折りにし、縫い代に
かぶせて縫う

衿ぐり・短冊布（表）

前身頃（表）

衿ぐり・短冊布（表）

左前身頃をよける

際を縫う

右前身頃（表）

右前身頃をよける

衿ぐり・短冊布（表）

際を縫う

左前身頃（表）

前身頃（表）

際を縫う

⑦短冊を出来上りに重ねて下端を縫う

1.5

4 ポケットを作りながら、脇を縫う

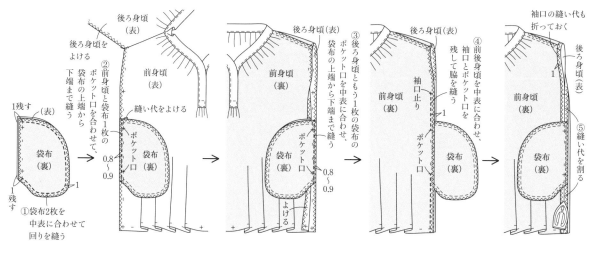

①袋布2枚を中表に合わせて回りを縫う

1残す
1残す
袋布(裏)
(表)
1

②前身頃と袋布1枚のポケット口を合わせて、袋布の上端から下端まで縫う

0.8〜0.9
ポケット口
袋布(裏)
縫い代をよける
後ろ身頃をよける
後ろ身頃(表)
前身頃(表)

③後ろ身頃ともう1枚の袋布のポケット口を中表に合わせて、袋布の上端から下端まで縫う

後ろ身頃(表)
前身頃(裏)
ポケット口
袋布(裏)
0.8〜0.9
よける

④前後身頃を中表に合わせ、袖口とポケット口を残して脇を縫う

後ろ身頃(表)
前身頃(裏)
袖口止り
1
ポケット口
袋布(裏)

袖口の縫い代も折っておく
後ろ身頃(表)
前身頃(裏)
1
⑤縫い代を割る
袋布(裏)

5 袖口を始末する

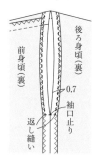

後ろ身頃(裏)
前身頃(裏)
0.7
袖口止り
返し縫い

6 フリルを作る

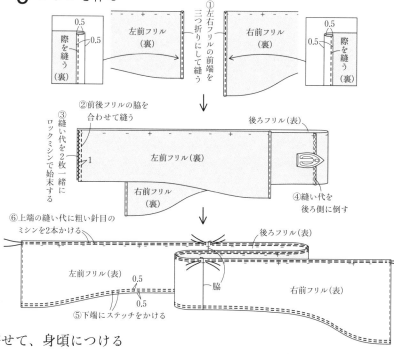

①左右フリルの前端を三つ折りにして縫う
0.5
0.5
際を縫う
左前フリル(裏)
右前フリル(裏)
0.5
0.5
際を縫う(裏)

②前後フリルの脇を合わせて縫う
③縫い代を2枚一緒にロックミシンで始末する
1
左前フリル(裏)
後ろフリル(表)
右前フリル(裏)
④縫い代を後ろ側に倒す

⑥上端の縫い代に粗い針目のミシンを2本かける
左前フリル(表)
後ろフリル(表)
0.5
0.5
⑤下端にステッチをかける
脇
右前フリル(表)

7 フリルにギャザーを寄せて、身頃につける

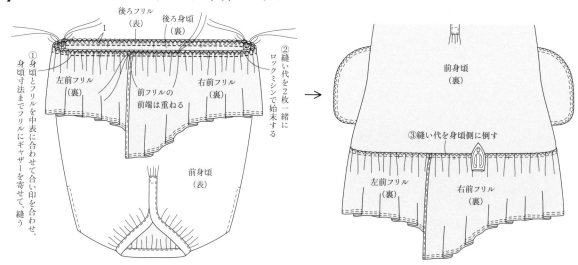

①身頃とフリルを中表に合わせて合い印を合わせ、身頃寸法までフリルにギャザーを寄せて、縫う
後ろフリル(表)
後ろ身頃(裏)
1
左前フリル(裏)
右前フリル(裏)
前フリルの前端は重ねる
②縫い代を2枚一緒にロックミシンで始末する
前身頃(表)

前身頃(裏)
③縫い代を身頃側に倒す
左前フリル(裏)
右前フリル(裏)

出来上り寸法
※左からサイズ90／100／110／120／130cm
バスト＝97／101／105／109／113cm
着丈＝59.5／65.5／71.5／77.5／83.5cm

パターン
2表

材料　※左から90／100／110／120／130cm
表布＝106cm幅 140／150／165／180／195cm
スナップ＝直径1.4cmを1組み

準備　※裁合せ図も参照
※前後身頃の脇、後ろ身頃の中心の縫い代端
　をロックミシンで始末する。

作り方順序
1　後ろ中心を縫い、あきを作る
2　前身頃にギャザーを寄せて、
　　ヨークをつける
3　タックをたたむ
4　肩を縫う
5　衿ぐりを始末する
6　脇を縫う
7　袖口を始末する
8　裾を始末する
9　スナップをつける

裁合せ図
上からサイズ90／100／110／120／130cm

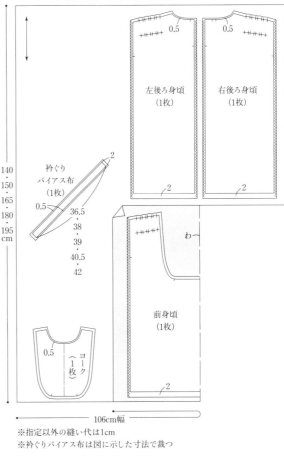

140・150・165・180・195 cm

106cm幅

※指定以外の縫い代は1cm
※衿ぐりバイアス布は図に示した寸法で裁つ

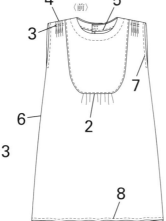

1　後ろ中心を縫い、あきを作る

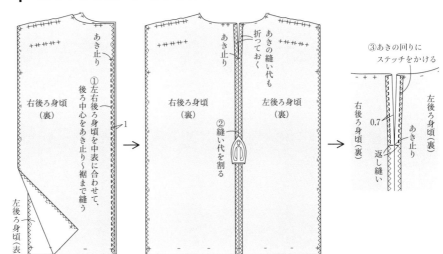

2 前身頃にギャザーを寄せて、ヨークをつける

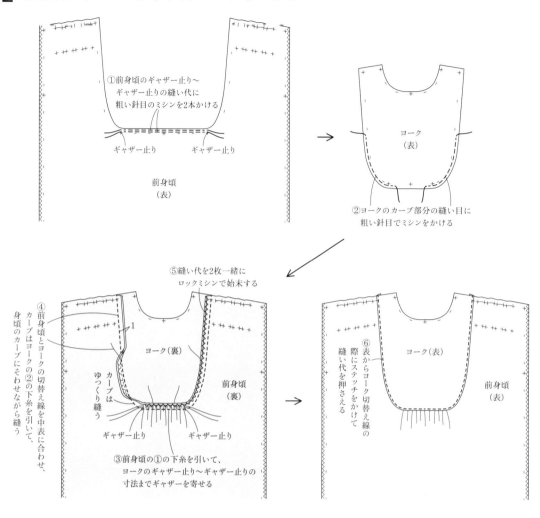

①前身頃のギャザー止り〜
ギャザー止りの縫い代に
粗い針目のミシンを2本かける

ギャザー止り　　ギャザー止り

前身頃
（表）

ヨーク
（表）

②ヨークのカーブ部分の縫い目に
粗い針目でミシンをかける

⑤縫い代を2枚一緒に
ロックミシンで始末する

④前身頃とヨークの切替え線を中表に合わせ、
カーブはヨークの②の下糸を引いて、
身頃のカーブにそわせながら縫う

カーブは
ゆっくり縫う

ヨーク（裏）

前身頃
（裏）

ギャザー止り　　ギャザー止り

③前身頃の①の下糸を引いて、
ヨークのギャザー止り〜ギャザー止りの
寸法までギャザーを寄せる

⑥表からヨーク切替え線の
際にステッチをかけて
縫い代を押さえる

ヨーク（表）

前身頃
（表）

3 タックをたたむ

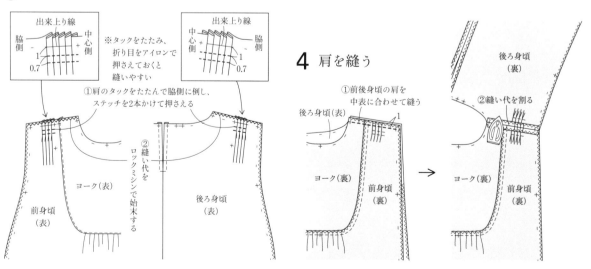

出来上り線

脇側　中心側

1
0.7

出来上り線

中心側　脇側

1
0.7

※タックをたたみ、
折り目をアイロンで
押さえておくと
縫いやすい

①肩のタックをたたんで脇側に倒し、
ステッチを2本かけて押さえる

ヨーク（表）

前身頃
（表）

②縫い代を
ロックミシンで始末する

後ろ身頃
（表）

4 肩を縫う

①前後身頃の肩を
中表に合わせて縫う

後ろ身頃（表）

1

ヨーク（裏）

前身頃
（裏）

②縫い代を割る

後ろ身頃
（裏）

ヨーク（裏）

前身頃
（裏）

5 衿ぐりを始末する

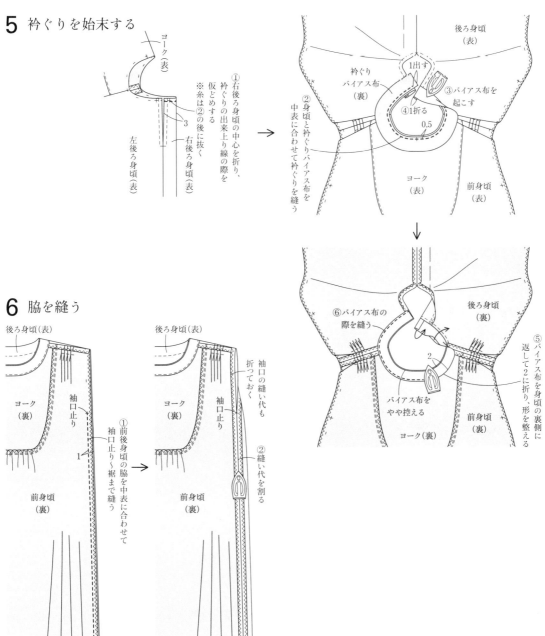

①右後ろ身頃の中心を折り、衿ぐりの出来上り線の際を仮どめする
※糸は②の後に抜く

ヨーク(表)
右後ろ身頃(表)
左後ろ身頃(表)
3

②身頃と衿ぐりバイアス布を中表に合わせて衿ぐりを縫う

後ろ身頃(表)
1出す
衿ぐりバイアス布(裏)
③バイアス布を起こす
④1折る
0.5
ヨーク(表)
前身頃(表)

⑥バイアス布の際を縫う
後ろ身頃(裏)
バイアス布をやや控える
⑤バイアス布を身頃の裏側に返して2に折り、形を整える
2
前身頃(裏)
ヨーク(裏)

6 脇を縫う

後ろ身頃(表)
ヨーク(裏)
袖口止り
前身頃(裏)
1
①前後身頃の脇を中表に合わせて袖口止り〜裾まで縫う

後ろ身頃(表)
ヨーク(裏)
袖口止り
前身頃(裏)
袖口の縫い代も折っておく
②縫い代を割る

7 袖口を始末する

前身頃(裏)
後ろ身頃(裏)
0.7
袖口止り
返し縫い

8 裾を始末する

前身頃(裏)
後ろ身頃(裏)
三つ折りにして縫う
身頃(裏)
際を縫う
1
1

9 スナップをつける

〈スナップつけ位置〉

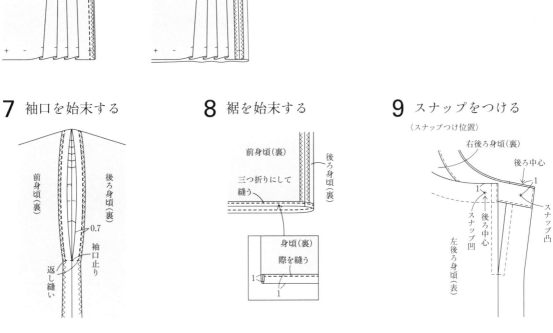

右後ろ身頃(裏)
後ろ中心
1
1
スナップ凹
後ろ中心
スナップ凸
左後ろ身頃(表)

N ** テーパードタックパンツ → p.29, 34, 38, 39

O ** ワイドタックパンツ → p.9, 15, 27, 42

P *** バルーンタックパンツ → p.11, 20, 22, 26

出来上り寸法
※左からサイズ90／100／110／120／130cm
N、O ウエスト(ゴム上り)＝47.5／52.5／57.5／62.5／67.5cm
　　　パンツ丈＝45.5／50.5／55.5／60.5／65.5cm
P ウエスト(ゴム上り)＝43／47／51／55／59cm
　　パンツ丈＝46／51／56／61／66cm

パターン
N 1表(袋布は1裏)／O、P 1裏

材料 ※左から90／100／110／120／130cm
N、O 表布＝106cm幅 130／140／150／160／170cm
　　　ゴムテープ＝2cm幅 45／49／53／57／61cm
P 表布＝106cm幅 120／130／140／150／160cm
　ゴムテープ＝2cm幅 45／49／53／57／61cm
　　　　　　1cm幅 20／22／24／26／28cmを2本

作り方順序
1　ウエストベルトを作る
2　ポケットを作る
3　脇を縫う
4　股下を縫う
5　股上を縫う
6　タックをたたみ、ウエストベルトをつける
7　裾を始末する。Pは裾布を作り、つける
8　ウエストベルト、Pは裾布にもゴムテープを通す

N 裁合せ図
上からサイズ90／100／110／120／130cm

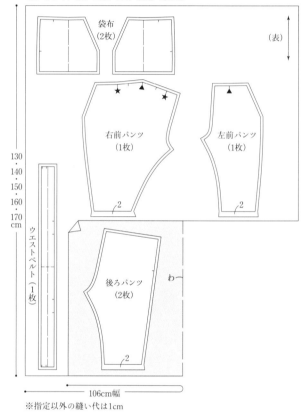

※指定以外の縫い代は1cm

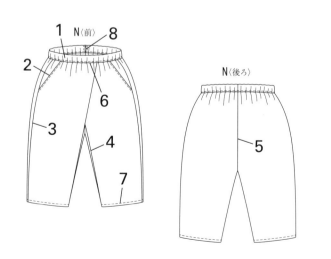

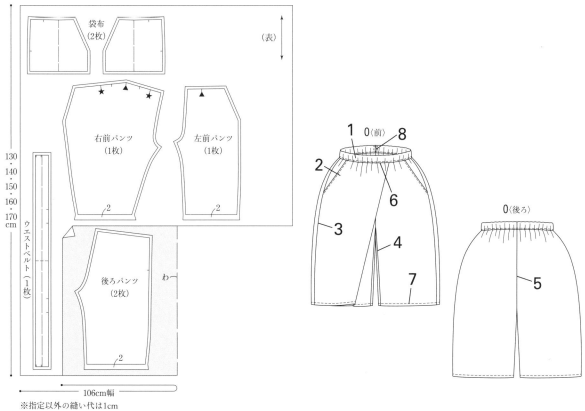

O 裁合せ図
上からサイズ90／100／110／120／130cm

袋布
(2枚)

(表)

右前パンツ
(1枚)

★ ▲ ★

左前パンツ
(1枚)

▲

2

2

130・140・150・160・170cm

ウエストベルト（1枚）

後ろパンツ
(2枚)

わ

2

2

106cm幅

※指定以外の縫い代は1cm

1 O〈前〉 8

2

6

3

4

7

O〈後ろ〉

5

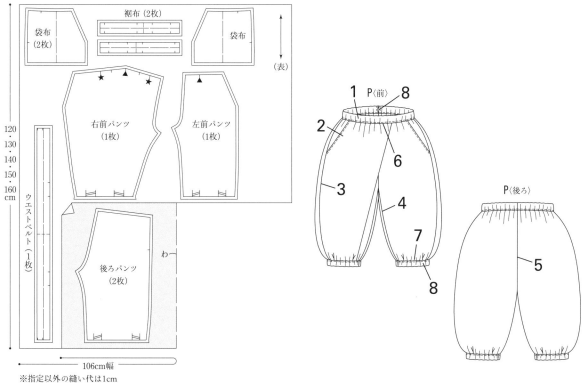

P 裁合せ図
上からサイズ90／100／110／120／130cm

袋布
(2枚)

裾布 (2枚)

袋布

(表)

右前パンツ
(1枚)

★ ▲ ★

左前パンツ
(1枚)

▲

120・130・140・150・160cm

ウエストベルト（1枚）

後ろパンツ
(2枚)

わ

106cm幅

※指定以外の縫い代は1cm

1 P〈前〉 8

2

6

3

4

7

8

P〈後ろ〉

5

1 ウエストベルトを作る

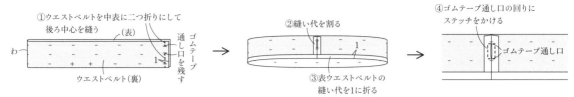

①ウエストベルトを中表に二つ折りにして
後ろ中心を縫う

（表）

わ

ウエストベルト（裏）

ゴムテープ通し口を残す

1

②縫い代を割る

③表ウエストベルトの
縫い代を1に折る

1

④ゴムテープ通し口の回りに
ステッチをかける

ゴムテープ通し口

2 ポケットを作る

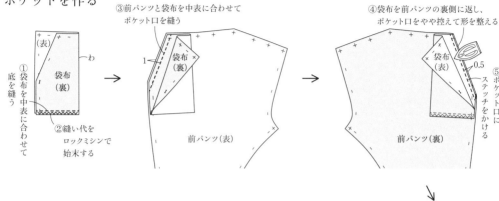

（表）

袋布（裏）

わ

①袋布を中表に合わせて
底を縫う

②縫い代を
ロックミシンで
始末する

③前パンツと袋布を中表に合わせて
ポケット口を縫う

1

袋布（裏）

前パンツ（表）

④袋布を前パンツの裏側に返し、
ポケット口をやや控えて形を整える

袋布（表）

0.5

⑤ポケット口に
ステッチ
をかける

前パンツ（裏）

袋布（表）

⑥袋布の上側と
脇の縫い代を仮どめする

前パンツ（表）

3 脇を縫う

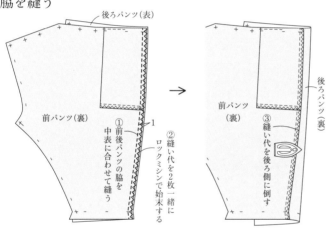

後ろパンツ（表）

前パンツ（裏）

①前後パンツの脇を
中表に合わせて縫う

②縫い代を2枚一緒に
ロックミシンで始末する

1

前パンツ
（裏）

後ろパンツ（裏）

③縫い代を後ろ側に倒す

4 股下を縫う

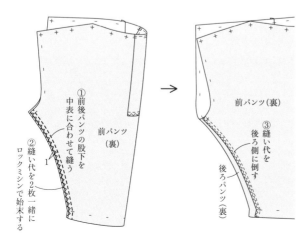

①前後パンツの股下を
中表に合わせて縫う

②縫い代を2枚一緒に
ロックミシンで始末する

1

前パンツ
（裏）

前パンツ（裏）

③縫い代を
後ろ側に倒す

後ろパンツ（裏）

5 股上を縫う

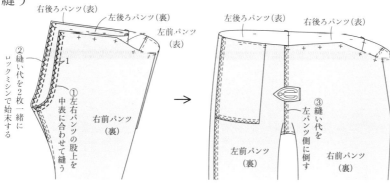

右後ろパンツ（表）　左後ろパンツ（裏）　左前パンツ（表）

②縫い代を2枚一緒にロックミシンで始末する

①左右パンツの股上を中表に合わせて縫う

右前パンツ（裏）

左後ろパンツ（表）　右後ろパンツ（表）

③縫い代を左パンツ側に倒す

左前パンツ（裏）　右前パンツ（裏）

6 タックをたたみ、ウエストベルトをつける

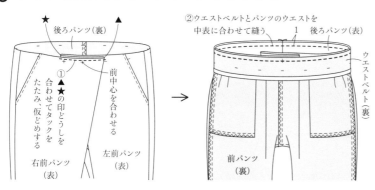

★　後ろパンツ（裏）　▲

①▲★の印どうしを合わせてタックをたたみ、仮どめする

前中心を合わせる

右前パンツ（表）　左前パンツ（表）

②ウエストベルトとパンツのウエストを中表に合わせて縫う

後ろパンツ（表）

1

ウエストベルト（裏）

前パンツ（裏）

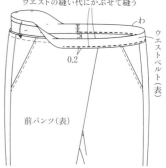

③ウエストベルトを起こして出来上りに折り、ウエストの縫い代にかぶせて縫う

わ

0.2

ウエストベルト（表）

前パンツ（表）

7 裾を始末する。Pは裾布を作り、つける

[N]

前パンツ（裏）　後ろパンツ（裏）

三つ折りにして縫う

パンツ（裏）
際を縫う

1
1

[O]

前パンツ（裏）　後ろパンツ（裏）

三つ折りにして縫う

[P]

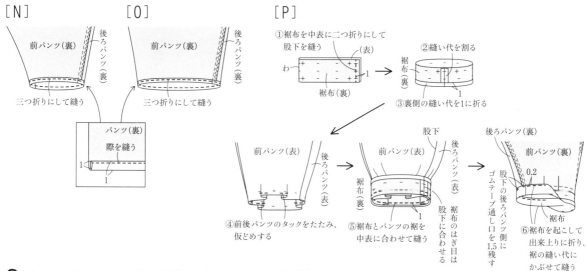

①裾布を中表に二つ折りにして股下を縫う

わ　（表）
1
裾布（裏）

②縫い代を割る

裾布（裏）
1

③裏側の縫い代を1に折る

前パンツ（表）　後ろパンツ（表）

④前後パンツのタックをたたみ、仮どめする

前パンツ（表）　股下　後ろパンツ（表）

裾布（裏）
1

⑤裾布とパンツの裾を中表に合わせて縫う

裾布のはぎ目は股下に合わせる

後ろパンツ（裏）　前パンツ（裏）

股下の後ろパンツ側にゴムテープ通し口を1.5残す

0.2

裾布

⑥裾布を起こして出来上りに折り、裾の縫い代にかぶせて縫う

8 ウエストベルト、Pは裾布にもゴムテープを通す

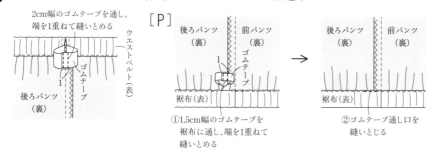

2cm幅のゴムテープを通し、端を1重ねて縫いとめる

ウエストベルト（表）

1

ゴムテープ

後ろパンツ（裏）

[P]

後ろパンツ（裏）　前パンツ（裏）

ゴムテープ

1

裾布（表）

①1.5cm幅のゴムテープを裾布に通し、端を1重ねて縫いとめる

後ろパンツ（裏）　前パンツ（裏）

裾布（表）

②ゴムテープ通し口を縫いとじる

バルーンサロペット

→ p.10, 13

出来上り寸法
※左からサイズ90／100／110／120／130cm
バスト＝57／61／65／69／73cm
着丈＝83〜88.5／89.5〜95／96〜101.5／99〜104.5／101.5〜107cm

パターン
1裏

材料 ※左から90／100／110／120／130cm
表布＝106cm幅 160／170／180／190／200cm
ゴムテープ＝0.6cm幅 6／7／8／9／10cm
　　　　　　1.5cm幅 21.5／23.5／25.5／
　　　　　　　　　　 27.5／29.5cmを2本
ボタン＝直径1.15cmを2個

作り方順序
1　肩ひもを作る
2　前後身頃の股上をそれぞれ縫う
3　後ろ身頃にゴムテープを縫いつけ、
　　肩ひもを仮どめする
4　前後身頃の脇を縫う
5　前後見返しの脇を縫い、下端を始末する
6　身頃を見返しで縫い返す
7　股下を縫う
8　裾を始末して、ゴムテープを通す
9　肩ひもにボタンホールを作り、
　　前身頃にボタンをつける

1 肩ひもを作る

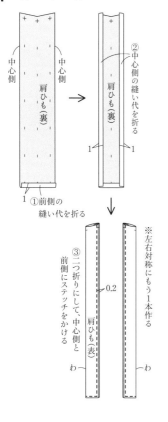

裁合せ図
上からサイズ90／100／110／120／130cm

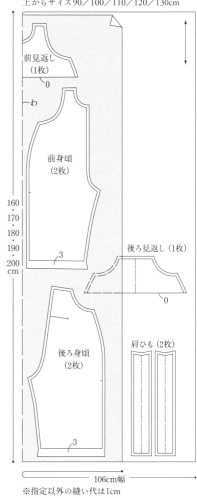

※指定以外の縫い代は1cm

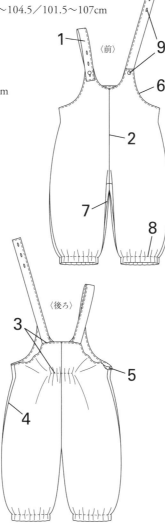

2 前後身頃の股上をそれぞれ縫う

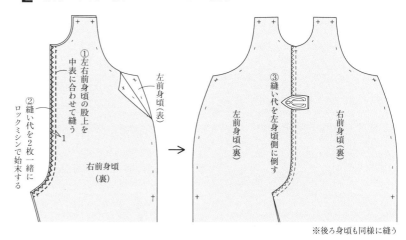

※後ろ身頃も同様に縫う

3 後ろ身頃にゴムテープを縫いつけ、
肩ひもを仮どめする

①後ろ身頃のゴムテープつけ位置に、
0.6cm幅のゴムテープを伸ばしながら縫いつける

ゴムテープ

ゴムテープ
つけ止り

後ろ身頃
(裏)

②後ろ身頃の上端に肩ひもを
仮どめする

0.5   0.5

0.1   0.1

後ろ身頃
(表)

肩ひも(表)

4 前後身頃の脇を縫う

後ろ身頃(表)

①前後身頃の脇を
中表に合わせて縫う

1

前身頃
(裏)

②縫い代を2枚一緒に
ロックミシンで始末する

後ろ身頃(表)

前身頃
(裏)

③縫い代を後ろ側に倒す

5 前後見返しの脇を縫い、
下端を始末する

①前後見返しの脇を
中表に合わせて縫う

1

後ろ見返し
(裏)

前見返し
(表)

②縫い代を割る

前見返し
(表)

後ろ見返し
(裏)

③下端をロックミシンで始末する

6 身頃を見返しで
縫い返す

①身頃と見返しの上端を
中表に合わせて縫う

②カーブの縫い代に
切込みを入れる

1

後ろ見返し
(裏)

前見返し
(裏)

前身頃
(表)

後ろ身頃
(表)

③見返しを身頃の裏側に返して
形を整え、上端に身頃の表から
ステッチをかける

0.2

前身頃(表)

前見返し
(表)

後ろ見返し
(表)

④前後中心と両脇の
身頃の
縫い代を縫い
とめる

後ろ身頃
(裏)

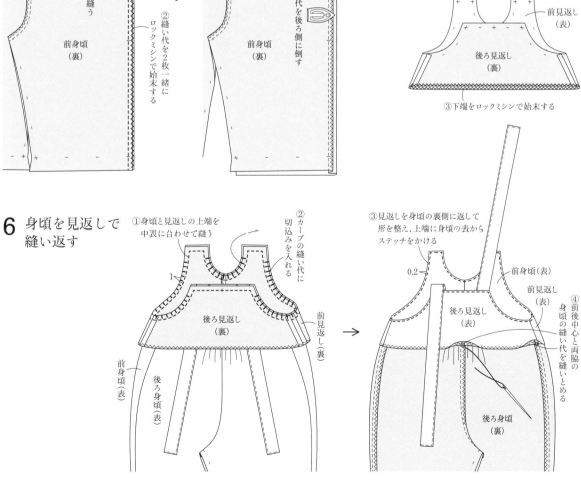

7 股下を縫う

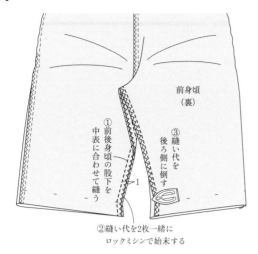

③縫い代を
後ろ側に
倒す

①前後身頃の股下を
中表に合わせて縫う

前身頃
（裏）

②縫い代を2枚一緒に
ロックミシンで始末する

8 裾を始末して、ゴムテープを通す

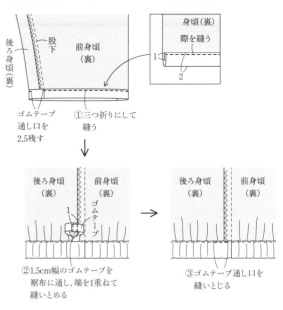

後ろ身頃（裏）

股下

前身頃（裏）

身頃（裏）

際を縫う

ゴムテープ
通し口を
2.5残す

①三つ折りにして
縫う

後ろ身頃
（裏）

前身頃
（裏）

ゴム
テープ

②1.5cm幅のゴムテープを
裾布に通し、端を1重ねて
縫いとめる

後ろ身頃
（裏）

前身頃
（裏）

③ゴムテープ通し口を
縫いとじる

9 肩ひもにボタンホールを作り、前身頃にボタンをつける

〈ボタンつけ位置〉

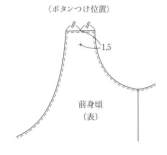

1.5

前身頃
（表）

R ★★★★　つなぎ5分袖　→ p.14, 32

出来上り寸法
※左からサイズ90／100／110／120／130cm
バスト＝70／74／78／82／86cm
着丈＝74.5／83.5／92.5／101.5／110.5cm
袖丈＝21.5／23／24.5／26／27.5cm

パターン
2裏

材料　※左から90／100／110／120／130cm
表布＝106cm幅 180／190／210／220／240cm
接着芯＝20×35／35／40／40／45cm
ボタン＝直径1.3cmを4個

準備　※裁合せ図も参照
※短冊の裏に接着芯をはる。

作り方順序
1　ポケットを作り、つける
2　前後身頃の股上をそれぞれ縫う
3　短冊をつける
4　肩を縫う
5　衿ぐりを始末する
6　袖をつける
7　袖下〜脇を縫う
8　股下を縫う
9　袖口、裾を始末する
10　ボタンホールを作り、ボタンをつける

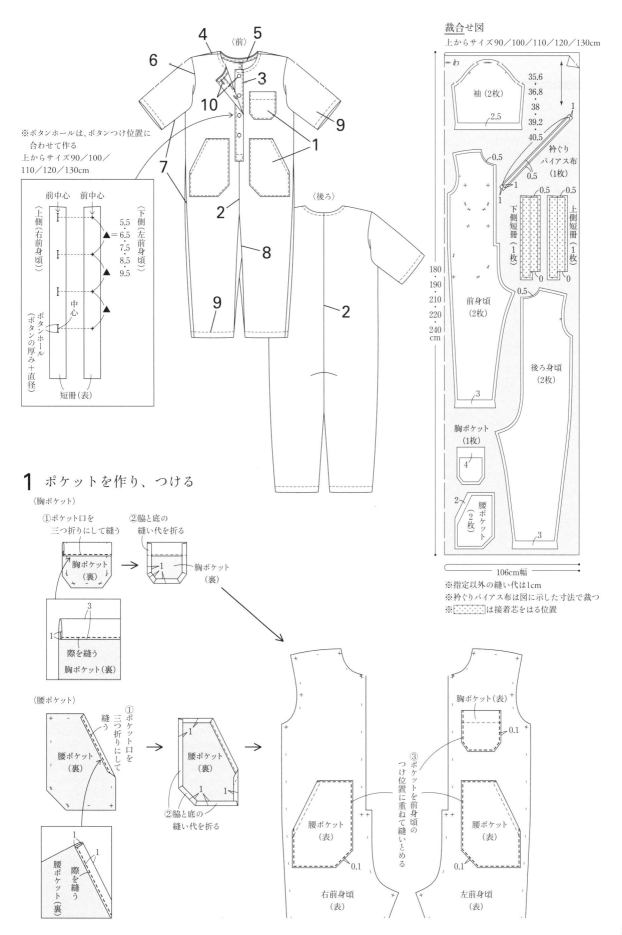

2 前後身頃の股上をそれぞれ縫う

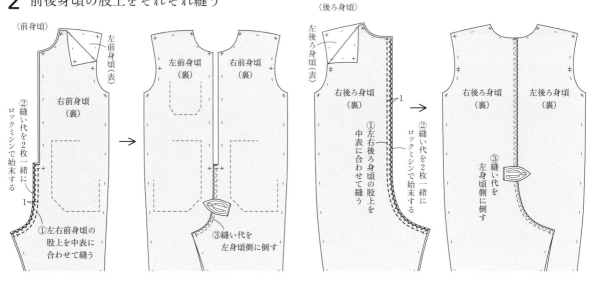

3 短冊をつける

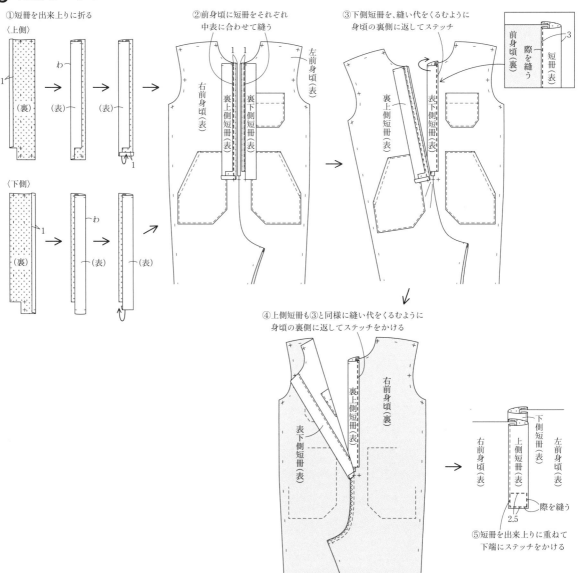

4 肩を縫う

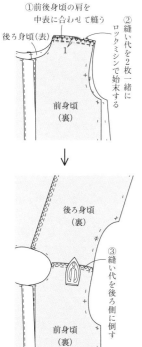

①前後身頃の肩を
中表に合わせて縫う

後ろ身頃（表）

ロックミシンで2枚一緒に始末する

1

前身頃（裏）

後ろ身頃（裏）

③縫い代を後ろ側に倒す

前身頃（裏）

5 衿ぐりを始末する

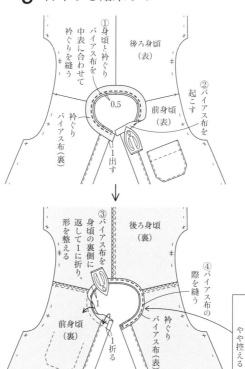

①身頃と衿ぐり
バイアス布を
中表に合わせて
衿ぐりを縫う

後ろ身頃（表）

②バイアス布を起こす

前身頃（表）

0.5

衿ぐり
バイアス布（裏）

1出す

③バイアス布を
身頃の裏側に
返して1に折り、
形を整える

後ろ身頃（裏）

前身頃（裏）

1折る

④バイアス布の際を縫う

衿ぐり
バイアス布（表）

バイアス布をやや控える

バイアス布（表）

0.5

1

際を縫う

身頃（裏）

バイアス布をやや控える

6 袖をつける

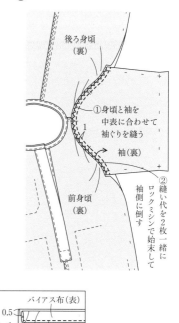

後ろ身頃（裏）

①身頃と袖を
中表に合わせて
袖ぐりを縫う

袖（裏）

1

②縫い代を2枚一緒に
ロックミシンで始末して
袖側に倒す

前身頃（裏）

7 袖下〜脇を縫う

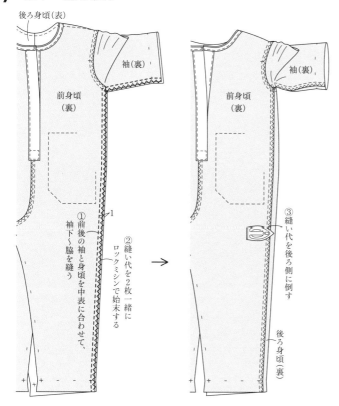

後ろ身頃（表）

袖（裏）

前身頃（裏）

①前後の袖と身頃を中表に合わせて、袖下〜脇を縫う

1

②縫い代を2枚一緒に
ロックミシンで始末する

袖（裏）

前身頃（裏）

③縫い代を後ろ側に倒す

後ろ身頃（裏）

8 股下を縫う

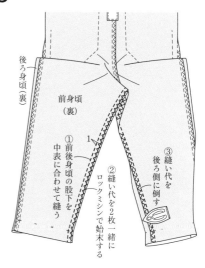

後ろ身頃（裏）

前身頃（裏）

①前後身頃の股下を
中表に合わせて縫う

1

②縫い代を2枚一緒に
ロックミシンで始末する

③縫い代を
後ろ側に倒す

9 袖口、裾を始末する

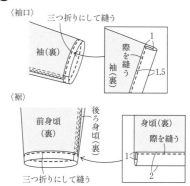

〈袖口〉

三つ折りにして縫う

袖（裏）

1

際を縫う

袖（裏）

1.5

〈裾〉

前身頃（裏）

後ろ身頃（裏）

身頃（裏）

際を縫う

1

2

三つ折りにして縫う

伊藤尚美　Naomi Ito　水彩画家・テキスタイルデザイナー
Naomi Ito Textile nani IROのすべてのアートワークを行ない、
その活動は22年目を迎える。版画作品、装丁、CM、
広告やカレンダー等への絵画提供多数。三重県伊賀市在住。
著書『ATELIER to nani IROのソーイングクローゼット』
『ATELIER to nani IRO 季節をまとう一年の服』
（共に文化出版局）。
また、ITSURA BOOKSから写真と言葉の本を発表している。

作品デザイン、詩と文　伊藤尚美
　　　　　　　　　　　ATELIER to nani IRO

モデル　細野木茉千、赤阪風花、安永 峻、安永 航、太田陸乃、
　　　　阿久根 凛、阿久根 和、鈴木 平、田村侑莉、畑中 琳
撮影　辻本しんこ
　　　坂下丈太郎（p.44−48）
スタイリング　轟木節子
ヘア＆メイク　宇津木明子（kilico.）
ブックデザイン　葉田いづみ

パターン製作　吉田 愛、青木亜希子、鍛治田友紀子
作品製作　ATELIER to nani IRO
　　　　　（青木亜希子、鍛治田友紀子、茂 明子、中村彩夏、梶原ゆかり）
製作協力　浦山聡美、桝矢多恵子

作り方編集　髙井法子
デジタルトレース　宇野あかね（文化フォトタイプ）
パターングレーディング　上野和博
パタートレース　白井史子
校閲　向井雅子
編集　田中 薫（文化出版局）

協力　株式会社コッカ

Special thanks　ギャラリー夢雲、k-tools、daco、yama no table!!

ナニイロの こどもふく

2023年3月30日　第1刷発行

著 者　伊藤尚美
発行者　清木孝悦
発行所　学校法人文化学園 文化出版局
　　　　〒151-8524　東京都渋谷区代々木3-22-1
　　　　TEL.03-3299-2485（編集）
　　　　TEL.03-3299-2540（営業）
印刷・製本所　株式会社文化カラー印刷

文化出版局のホームページ
https://books.bunka.ac.jp/

ナニイロの
こどもふく

9784579118076

1925077017005

ISBN978-4-579-11807-6
C5077 ¥1700E

定価1,870円（本体1,700円）⑩